Über dieses Buch Als zwanzigjähriger Student der Germanistik und der Philosophie emigrierte Stefan Heym in die USA. In Chicago setzte er seine Studien fort und schloß sie mit dem Magister-Examen ab. Zum Thema seiner Diplomarbeit hatte sich Heym Heinrich Heine mit seinem ›Atta Troll‹ gewählt. Was selten ist bei akademischen Arbeiten, diese Dissertation hat sich über die Jahrzehnte hinweg in Ton, Duktus und Folgerungen frisch erhalten. Das hängt natürlich mit dem Temperament des Verfassers zusammen. Was Heym dem von ihm analysierten Autor nachsagt, gilt abgewandelt auch für ihn selbst: »Strategie, Taktik, Allianzen, Siege, Niederlagen – welche Terminologie für die Arbeit eines Dichters! (...) Heine (...) war in der tragischen Situation eines intellektuellen Revolutionärs ohne Bewegung, die ihn tragen könnte. Und darum bekommt er die Schläge von rechts und gemäßigt links – nicht, weil er in der Mitte zwischen beiden, sondern weil er vor ihnen steht, beiden Parteiungen voraus ist.«

Der Autor Stefan Heym, geboren 1913 in Chemnitz, emigrierte 1933 über die Tschechoslowakei in die USA; Studium in Chicago; 1937 bis 1939 Chefredakteuer der Wochenzeitung ›Deutsches Volksecho‹ in New York. Seit 1943 Soldat, nahm als Offizier, zuständig für psychologische Kriegführung, an der Invasion der Normandie teil. Die ersten Nachkriegsjahre verbrachte Heym in München. Gründungsredakteur der ›Neuen Zeitung‹; wurde wegen prokommunistischer Haltung in die USA zurückberufen und aus der Armee entlassen. Aus Protest gab er Offizierspatent, Kriegsauszeichnungen und die US-Staatsbürgerschaft zurück und siedelte in die DDR über. Dort Nationalpreisträger. Stefan Heym lebt als freier Schriftsteller in Ost-Berlin.
Vom selben Autor sind im Fischer Taschenbuch Programm lieferbar: ›Ahasver‹ (Bd. 5331), ›Collin‹ (Bd. 5024), ›Der Fall Glasenapp‹ (Bd. 2007), ›5 Tage im Juni‹ (Bd. 1813), ›Der König David Bericht‹ (Bd. 1508), ›Die richtige Einstellung und andere Erzählungen‹ (Bd. 2127) und ›Wege und Umwege‹ (Bd. 5612).

Vorwort

Da war ich nun in Düsseldorf, in der Bilker Straße, und ging, einer inneren Pflicht gehorchend und wohl auch ein wenig bange, ins Heinrich-Heine-Institut. Zuerst war alles enttäuschend: die Bilder aus der Zeit, ein paar Dokumente, ein paar Möbel, der bekannte nachdenklich gesenkte Kopf, schließlich die Totenmaske – ein Museum eben. Bis man mich nach oben führte, wo die Handschriften wohlgeordnet liegen, Seite um Seite, die Tinte oft kaum verblaßt, Korrekturen über den Korrekturen, die schrägen, gleichsam eilenden Buchstaben, so als hätten sie Mühe gehabt, mit den Gedanken des Dichters Schritt zu halten; und dann die Manuskripte der Spätzeit, mit Bleistift geschrieben, in Riesenlettern auf Riesenbogen, die speziell für ihn gefertigt worden waren; nur so konnte der Halbblinde sein Wort noch wiedererkennen. Und auf einmal wurde er mir lebendig; ich las die vertrauten Verse,

Wir wollen hier auf Erden schon
das Himmelreich errichten,

und die Prosa der Vorrede zur Lutetia, *Möge sie zertrümmert werden, diese alte Welt, wo die Unschuld zu Grunde ging, wo der Cynismus gedieh,* und ich spürte, wie mir etwas die Kehle zusammenzog und Feuchtigkeit ins Auge stieg; ich hatte ihn immer geliebt, und wenn einer mir Vorbild gewesen war, dann er.

Ich weiß nun nicht, wie mir der Gedanke kam; jedenfalls erkundigte ich mich, ob sich unter der Sekundärliteratur, die das Institut sicher besaß, auch eine Dissertation über Heines Atta Troll befände, die ein gewisser Helmut Flieg zur Erlangung der Magisterwürde der Universität Chicago vor vielen Jahren geschrieben hatte. Man stellte fest, daß diese Dissertation nicht vorhanden war, interessierte sich aber dafür, denn so etwas gehöre zur Komplettierung des Bestands, und sagte, man werde sich in der Angelegenheit an die Bibliothek der Universität dort in Chicago wenden.

Nach Hause, nach Grünau zurückgekehrt, durchsuchte ich meine Ablagen und fand die Dissertation; ein amerikanischer Germanist hatte sie vor einiger Zeit ausgegraben, hatte sie photokopieren lassen und mir die Kopie zugeschickt; mein eigenes Exemplar, dessen Original ich im Dezember des Jahres 1936 dem Department of Germanics der Universität Chicago überreicht hatte, war mir im Verlauf meiner Wanderungen verlorengegangen. Und jetzt, gute viereinhalb Jahrzehnte nachdem der junge Emigrant seinen *Atta Troll, Versuch einer Analyse* geschrieben hatte, setzte ich mich hin und las das Werkchen zum ersten Mal wieder.

Und alles tauchte wieder auf: die nachgeahmte Gotik der Wieboldt Hall, in der sich die germanistische Abteilung befand, das getäfelte Zimmer im ersten Stock, darin die Mitglieder der Fakultät und ausgewählte Graduate Students ihren Tee einnahmen, mein schmaler Tisch unter dem Spitzfenster in der Bibliothek, rechts davon die metallenen Regale, das mir nächststehende markiert mit »H«, H für Heine – die ganze klösterliche Abgeschiedenheit von Academia in einer Welt, die sich anschickte, Krieg und Holocaust vorzubereiten.

Dabei war der junge Mann, der in dieser Stille seine Studien betrieb, sich der Welt draußen wohl bewußt; vor kurzem erst hatte sein Vater, ausweglos in Deutschland, sich das Leben genommen, und seine Mutter, sein Bruder befanden sich noch dort, gefährdet; gerade um sie zu schützen, benutzte er ja für seine schriftstellerischen Versuche und seine journalistischen Arbeiten das Pseudonym Stefan Heym. Und auch was er da schrieb über *Atta Troll* und über die Intentionen, die Heine mit dem Poem verfolgte, ist deutlich geprägt von den Ängsten jener Zeit und durchdrungen von der Bemühung, sich und anderen in seiner Lage Mut zuzusprechen: denn hatte nicht schon Heine die deutschtümelnden Phrasendrescher in ihrer ganzen Hohlheit erkannt und die wildgewordenen Kleinbürger, die sich gerade anschickten, Europa in den Abgrund zu treiben, durch seinen Spott entlarvt?

Dennoch wäre die Jugenderinnerung eines Mannes, der in die Jahre gekommen ist, noch kein genügender Anlaß, ein biographisches Dokument, wie diese Dissertation es ist, nach so langer Zeit einer wenn auch nur beschränkten Öffentlichkeit zu übergeben. Selbst der Geburtstag, dem ich mich nur zögernd und mißmutig nähere, den meine Freunde jedoch festlich zu begehen wünschen, wäre es nicht. Der Grund ist vielmehr, daß ich bei der Lektüre des Manuskripts, mit dem Abstand von sechsundvierzig Jahren, feststellte: das Ding lebt. Äußerlich einem wissenschaftlichen Traktat mit all seinen Attributen ähnelnd, mit reichlichen Zitaten, Fußnoten, Quellenangaben etcetera, erscheint mir diese kleine Schrift über gewisse Aspekte im Wesen und in den Motiven des Dichters Heine heute fast wie eine Prophetie der Kämpfe meines eigenen Lebens, ein Programm meines eigenen Werks: die Gegner Heines, die Reaktionäre und Doktrinäre, mutatis mutandis auch die meinen, das so oft beanstandete journalistische Element in seinem Schaffen auch bei mir vorhanden und ebenso hart kritisiert.

Es ist, als hätte der Verfasser der Dissertation vorausgeahnt, was dem späteren Romanautor immer wieder an den Kopf geworfen wurde: seine realistische Einstellung zu den Dingen, seine Hinwendung zu den Nöten der Menschen, seine Ironie, und immer muß was passieren – nein, so richtige schöne Dichtung kann man das nicht nennen. Schreibt der junge Mann doch: Wo liegt die Scheidelinie zwischen Bewußtem und Unbewußtem im Schaffen des Dichters? Wo hört der Trieb auf, und wo beginnt die Absicht, die Berechnung? Hört der Dichter in dem Augenblick, wo er bewußt arbeitet, auf, Dichter zu sein? Ist der wahre Dichter nur die unbewußte, prophetische Stimme eines Dämons? Ist das poetische Bild der einzige Zweck der Dichtung? Das heißt: Ist Dichtung um ihrer selbst willen da? L'art pour l'art? Hat die Dichtung das Recht, in Zeiten wie denen, da Heine lebte, sich in den Elfenbeinturm zurückzuziehen, schöne poetische Bilder zu produzieren, die das Leben vielleicht vergnüglicher, aber auch sonst nichts machen?

Und als Beleg zitiert er Heine selbst, der da sagt: »Ach, wenn man bedächte, wie die Strategie eines Autors, der für die Sache der europäischen Freiheit kämpft, wunderlich verwickelt ist, wie seine Taktik allen möglichen Veränderungen unterworfen, wie er heute etwas als äußerst wichtig verfechten muß, was ihm morgen ganz gleichgültig sein kann, wie er heute diesen Punkt, morgen einen andern zu beschützen oder anzugreifen hat, je nachdem es die Stellung der Gegenpartei, die wechselnden Allianzen, die Siege oder Niederlagen des Tages erfordern!«

Strategie, Taktik, Allianzen, Siege, Niederlagen – welche Terminologie für die Arbeit eines Dichters! Und so hat der junge Student auch, am Beispiel Heines, schon 1936 den gebleuten Rücken vorausgesehen, den der dem biblischen Alter Zustrebende noch 1983 mit sich herumtragen wird. Heine, schreibt er, war in der tragischen Situation eines intellektuellen Revolutionärs ohne Bewegung, die ihn tragen könnte. Und darum bekommt er die Schläge von rechts und von gemäßigt links – nicht, weil er in der Mitte zwischen beiden, sondern weil er vor ihnen steht, beiden Parteiungen voraus ist.

Die Konflikte der Mitte des vorigen Jahrhunderts, in die Heine notwendig hineingeriet, sind nicht die gleichen wie die der dreißiger Jahre des unsrigen, mit denen der junge Emigrant in Chicago sich auseinanderzusetzen hatte, oder gar wie die der Gegenwart, von denen wir samt und sonders gebeutelt werden. Die Geschichte wiederholt sich nicht. Wohl aber wiederholen sich Konstellationen und Charaktere, sonst wären ja weder Drama noch Roman möglich, welche die Identifizierung von Leser oder Zuschauer mit den Gestalten des Kunstwerks verlangen, den handelnden wie den reflektierenden, und Verständnis für die Situationen erfordern, in welche diese hineingeraten.

Hier, glaube ich, liegt der Grund dafür, daß Heinrich Heine dem gereiften Romancier in Ostberlin noch ebenso nahe ist wie einst dem Kandidaten für die Magisterwürde an der Universität Chicago; und wenn der Empfänger dieser Schrift durch sie zu einem ähnlichen Gefühl für den Dichter käme, so wäre das ein schöner Lohn für beide, den jungen wie den alten Mann. S.H.

Einleitung

Atta Troll, Versuch einer Analyse ist ein Teil einer geplanten Arbeit *Heine als Journalist.* In dieser Arbeit soll aufgezeigt werden, wie der journalistische Beruf den Dichter und sein Schaffen beeinflußte und in bestimmte Bahnen lenkte.

Im Rahmen der Gesamtarbeit mußte ein bestimmtes Werk herausgegriffen werden, um an dem Werk beispielhaft zu zeigen, wie selbst die »dichterische« Produktion Heines durch seinen Beruf beeinflußt, oder, wenn man so will, beeinträchtigt wurde. Daß gerade *Atta Troll* als Demonstrationsobjekt gewählt wurde, hat noch einen besonderen Grund: Bei den Vorstudien ist es mir aufgefallen, daß die Meinungen der Kritiker und Literarhistoriker gerade über *Atta Troll* recht geteilt sind. *Atta Troll,* kann man mit einigem Recht sagen, hat noch heute keinen festen Platz in der Geschichte des Heineschen Schaffens gefunden. Wenn es also unternommen wird, das kleine Epos zu analysieren – und damit Heine zu analysieren – kann vielleicht eine nützliche und notwendige Aufgabe gelöst werden, die ursprünglich etwas außerhalb der eigentlichen Problemstellung lag.

Das Problem des journalistischen Einflusses auf Heines Schaffen liegt in folgendem: Es gibt zweierlei Einflüsse, einen direkten und einen indirekten. An Beispielen sei die Unterscheidung kurz klargemacht. Heine ist, als Journalist, natürlich gezwungen, auf Termin zu arbeiten. Er muß also unter Umständen darauf verzichten, ein Werk ausreifen zu lassen, nur um es rechtzeitig der Druckerei senden zu können. Hier liegt ein ganz direkter Einfluß vor.

Wichtiger aber als der einigermaßen äußerlich wirkende direkte Einfluß ist der indirekte. Als Journalist ist Heine gezwungen, aus der Dichterklause herauszugehen und sich intensiv um das äußere Geschehen in seiner Umwelt zu bekümmern. Das hat nicht nur zur

Folge, daß große Teile seiner Produktion sich direkt mit dem Geschehen seiner Zeit befassen, sondern daß die ganze dichterische Persönlichkeit Heines von seinem journalistischen Beruf her umgeformt wird. Diese Umformung, selbstverständlich, kommt wieder in den Werken, und selbst an Stellen, die sich nicht mit der Umwelt befassen, zum Ausdruck. Stil und die Art zu sehen, Ausdrucksform und der dichterische Verarbeitungsprozeß müssen bei einem Dichter-Journalisten anders sein als etwa bei einem Dichter-Arzt, Dichter-Professor oder Dichter-Minister.

I. Kapitel
Journalistische Fesseln

Atta Troll wurde zuerst in der *Zeitung für die Elegante Welt* veröffentlicht (in Nr. 1–10 des Jahrgangs 1843), deren Redaktion Heines Freund Laube[1] neu übernommen hatte. Da die Zeitung in Deutschland erschien, unter Zensur, und da die »Elegante«, wie sie von Heine kurz genannt wird, auf ihren schon im Titel angedeuteten Leserkreis Rücksicht nehmen mußte, war auch der Dichter gezwungen, sich anzupassen. Heine betont diese Zwangsumstände besonders in der Vorrede zu der späteren Buchausgabe.

> Inhalt und Zuschnitt des Gedichts mußten den zahmen Bedürfnissen jener Zeitschrift entsprechen; ich schrieb vorläufig nur die Kapitel, die gedruckt werden konnten, und auch diese erlitten manche Variante.[2]

---

[1] Heinrich Laube (1806–84) wurde 1834 wegen Teilnahme an der burschenschaftlichen Bewegung verhaftet, und zwar in Leipzig. Er wurde an Preußen ausgeliefert und saß neun Monate im Hausvogteigefängnis in Berlin. 1835 wurden seine Schriften samt denen der anderen Jungdeutschen in Bann getan; er selbst mußte eine weitere einjährige Gefängnisstrafe abbüßen, da er in seiner *Geschichte Polens* gewagt hatte, den Zaren anzugreifen. 1848 war er Mitglied des linken Zentrums der Frankfurter Nationalversammlung, legte aber im nächsten Jahr sein Mandat nieder, da er in der Kaiserfrage nicht mit seiner Wählerschaft übereinstimmte. Er wurde artistischer Direktor des Wiener Hofburg-Theaters. 1867 übernahm er die Leitung des Leipziger Stadttheaters. Im Jahre 1872 gründete er das Wiener Stadttheater und übernahm dessen Intendanz.

[2] Vorrede zum *Atta Troll.* Heinrich Heine, *Gesammelte Werke,* hg. von Gustav Karpeles (3. Auflage; Berlin, 1909), II, 105. – Ein Beispiel für die erwähnten »Varianten« sei hier gebracht. Heine ändert für den Druck in der *Zeitung für die Elegante Welt* die Stelle

> Spielte dort ein unzweideutges
> Liebesspiel mit einer Bärin

um in

> Spielte dort ein überzartes
> Liebesspiel mit einer Bärin

(Vergl. *Werke,* II, 178, und den Brief vom 19. XII. 1842 an Heinrich Laube in *Werke,* IX, 196.)

Heine gibt in der Vorrede nicht die genaue Geschichte der Publizierung des *Atta Troll.* Das Epos sollte nämlich zuerst im Stuttgarter *Morgenblatt* erscheinen, dessen Verleger der Baron Cotta war. Und wenn Heine in der »Eleganten« schon sehr vorsichtig war, so galt das noch mehr fürs *Morgenblatt.* Heine schreibt an Laube:

Es sind etwa 400 vierzeilige Strophen in zwanzig Abteilungen, in dem ich auf das »Morgenblatt« Rücksicht nahm, für das ich die Arbeit bestimmte.[3]

Den Entschluß, den *Atta Troll* in der »Eleganten« erscheinen zu lassen, faßte Heine gegen Ende Oktober oder Anfang November 1842, denn noch am 17. Oktober bietet er das Gedicht in dem folgenden Brief Cotta an.

Ich habe vor einiger Zeit durch Dingelstedt Ihnen andeuten lassen, daß ich ein kleines humoristisches Epos gedichtet, das . . . auch wegen des Inhalts (es ist nämlich das absichtliche Gegenteil von aller Tendenzpoesie) sehr geeignet wäre für den Abdruck im »Morgenblatte«. Es bedarf nur noch der letzten Feile, und ich könnte es schon im nächsten Monat einsenden; aber ich möchte vorher durch ein Wort von Ihnen beruhigt werden, daß es nicht durch die Hände des Herrn Pfizer[4] geht, der, wie man mir sagt, den metrischen Teil des »Morgenblattes« redigiert . . .[5]

Heine selbst motiviert seinen plötzlichen Entschluß damit, daß er Laube einen Gefallen tun und ihn bei der Neuübernahme der Zeitschrift möglichst unterstützen wolle:

Wie gesagt, ich werde die »Elegante«, so viel es mir nur irgend möglich, unterstützen. Ich hoffe, in dieser Beziehung mehr zu leisten, als ich heute verspreche. Der Zufall will es, daß ich bereits etwas Außerordentliches tun kann, wodurch den Blättern des ersten Monats sogleich ein sehr

[3] Brief von Paris, den 7. XI. 1842. *Werke,* IX, 191.
[4] Diese Besorgnis ist sehr verständlich, wenn man die gegen Pfizer, einen Dichter der »Schwabenschule«, gerichteten Angriffe im *Atta Troll* bedenkt. Über den Konflikt mit Pfizer siehe das Kapitel »Persönliche Angriffe im *Atta Troll*«.
[5] Brief an Cotta vom 17. X. 1842. *Werke,* 189 f.

großer Schwung gegeben werden dürfte. Ich habe nämlich ein kleines humoristisches Epos geschrieben, das großen Lärm machen wird.[6]

Aus den geschäftstüchtigen Zeilen dieses Briefes geht hervor, ein wie erfahrener Journalist Heine ist. Er weiß, wie man einer Zeitschrift »einen großen Schwung« geben kann. Er weiß aber auch, was seine Arbeit und sein Name wert sind; *Atta Troll* wird für die »Elegante« eine »ganz kolossale Annonce« sein – und er verlangt vom Verlag der *Zeitung für die Elegante Welt* das gleiche Honorar, das er von Cotta bekommen sollte. Trotzdem darf man den Freundschaftsdienst, den er Laube tat, nicht zu gering einschätzen. Heine betont zwar selbst dem Freund Laube gegenüber, welches Opfer er bringe – aber auch objektiv betrachtet: Cotta war ein mächtiger Verleger, und für Heine als Pariser Korrespondenten der *Augsburger Allgemeinen Zeitung* konnte es unangenehme Konsequenzen haben, seinen Verleger zu verärgern.[7]

Die Rücksichtnahme auf die Leserschaft des *Morgenblattes* und der »Eleganten«, sowie die Rücksichtnahme auf die Zensur[8] waren nicht die einzigen Hemmnisse, die die Arbeit am *Atta Troll* ganz wesentlich in ihrer Ausgestaltung beeinflußten.

Arbeit für Zeitungen und Zeitschriften bedeutet Arbeit auf

---

[6] Brief an Laube vom 7. XI. 1842. *Werke,* IX, 191.

[7] Die darauf bezügliche Briefstelle lautet: Leider – und das macht mich sehr verdrießlich – habe ich bereits mit Cotta darüber referiert, hab's ihm versprochen, und er hat mir viel Freundliches geantwortet. Nichtsdestoweniger entschließe ich mich, diese Arbeit in der »Eleganten« drucken zu lassen, und Sie haben keinen Begriff davon, welche wichtigen Interessen ich hier sakrifiziere. Wichtige Interessen in pekuniärer Beziehung, da ich Cotta gern mir gewogen erhalte ... (Aus dem Brief an Laube vom 7. XI. 1842. *Werke,* IX, 191).

[8] Heine hatte besonders mit Cotta unangenehme Zensurerfahrungen gemacht. Gerade um die Zeit der Abfassung des *Atta Troll,* nämlich in den Jahren 1840 bis 1843, schrieb Heine für die *Augsburger Allgemeine Zeitung* jene berühmte Artikelserie, die später unter dem Namen *Lutetia* als Buch veröffentlicht wurde. Die Schärfe seiner Artikel veranlaßte Gentz, Metternichs rechte Hand, persönlich an den Baron von Cotta zu schreiben. In diesen Brief versteigert sich Gentz so weit, Heine einen »verruchten Abenteurer« zu nennen. Cotta stellte daraufhin die Veröffentlichung von Heines Artikeln in der *Augsburger Allgemeinen Zeitung* ein.

Termin. Manches hat da keine Zeit auszureifen und vollendet zu werden – das Blatt muß in Druck! So begnügt man sich, notgedrungen, mit Scheinlösungen, mit provisorischen Verbindungen zwischen den einzelnen Abteilungen und verläßt sich darauf, daß man später die Sache einmal abrunden wird. Sogar während ein Teil des Gedichts schon in der Redaktion ist, ändert Heine noch.

Heute schicke ich Ihnen das Manuskript, das meinem Gedicht zwischen dem 17. und 18. Kapitel zu intercalieren ist. Ein Teil des früheren 18. Kapitels wird hier, wie Sie dem Setzer genau begreiflich machen werden, wegfallen. Ich habe zu dieser Umänderung meine Zuflucht genommen, da ich leider eine Partie meines Gedichtes, die der artistischen Rundung wegen ganz wesentlich, jetzt nicht machen kann und Ihnen doch ein notdürftig gerundetes Ganze geben wollte. Der Knoten des Ganzen fehlt – das Publikum wird es aber nicht bemerken. Dieses sieht immer nur auf Einzelheiten. Wie richtig sagt Goethe:

Gebt Ihr ein Stück, so gebt es gleich in Stücken![9]

Hier ist Heine ganz Journalist. Er kennt die Pflichten des Journalisten und erfüllt sie, selbst wenn er weiß, daß das Werk darunter leiden wird. Kann man Heine daraus einen Vorwurf machen? Er, der sonst so gewissenhaft war und in seinen Gedichten feilte und wieder feilte, war im Falle *Atta Troll,* als es zur Veröffentlichung kam, Journalist. Laube hat dem Dichter Vorwürfe gemacht. Heine antwortet ihm und verteidigt sich:

... Sie haben gut reden, der Zusammenhang im Gedicht, das Zerstückte, ist eine Folge der ursprünglichen Beschränkung: hätte ich nicht von vornherein die Absicht gehabt, das Gedicht in einem zahmen Journal abdrucken zu lassen, wäre die Persiflage der Zeitideen prägnanter hervorgetreten. Jetzt fühle ich das Bedürfnis, diesem Mangel in einem späteren Buchdruck abzuhelfen, und da bietet sich mir für fast 200 Strophen der köstlichste Stoff. Wie weit ich diesen Vorrat nachträglich bearbeite und überhaupt den »Atta Troll« durch interessante Zutaten als Buch von honettem Volumen erscheinen lasse, kann ich Ihnen erst später sagen ...

---

[9] Brief an Laube vom 19. XII. 1842. *Werke,* IX, 195. – Heine zitiert *Faust,* »Vorspiel auf dem Theater«, Vers 99.

Wenn das Ganze so fertig wird, wie es in meinem Geiste steht, sollen Sie nicht über Ründung und Mittelpunkt zu klagen haben.[10]

Leider ist der *Atta Troll* nie so fertig geworden, wie er in Heines Geiste stand. Er ist Bruchstück geblieben, und auch die Buchausgabe hat die versprochenen zweihundert neuen Strophen nicht gebracht.

[10] Brief an Laube vom 11. II. 1843. *Werke,* IX, 199.

II. Kapitel
Vom Journal zum Verleger

Die Buchausgabe erschien im Jahre 1847. Der *Atta Troll* hatte seine Aktualität in den vier Jahren seit der Erstveröffentlichung in der *Zeitung für die Elegante Welt* nicht verloren. Das nächste Jahr, das Jahr der mißglückten Revolution von 1848, sollte die Berechtigung von Heines kritischem Skeptizismus so vielen »Zeitideen« gegenüber beweisen.

Aber *Atta Troll* behielt auch seine alten Schwächen, er blieb auch in der Buchausgabe ein Bruchstück, uneinheitlich, voll von Gedankensprüngen. In der Vorrede zum *Atta Troll* schreibt Heine:

> Ich hegte die Absicht, in späterer Vervollständigung das Ganze herauszugeben, aber es blieb immer bei dem lobenswerten Vorsatze, und wie allen großen Werken der Deutschen, wie dem Kölner Dome, dem Schellingschen Gotte, der preußischen Konstitution etc., ging es auch dem Atta Troll – er ward nicht fertig. In solcher unfertigen Gestalt, leidlich aufgestutzt und nur äußerlich geründet, übergebe ich ihn heute dem Publico, einem Drange gehorchend, der wahrlich nicht von innen kommt.[11]

Der »Drang, der wahrlich nicht von innen« kam, waren vertragsmäßige Verpflichtungen, die Heine seinem Verleger Campe gegenüber hatte. Der Verleger drängte den Dichter, das Manuskript zu liefern – die Änderungen, die Heine vornahm, waren daher nur oberflächlich. Im November 1846 schreibt Heine an Campe:

> In Bezug auf den »Atta Troll« melde ich Ihnen nur, daß ich, obgleich Sie damit füglich warten konnten, dennoch jeder Verpflichtung gegen Sie mich sobald als möglich zu entledigen suchte und damit eilte, das Gedicht

---

[11] *Werke,* II, 105.

für den Druck bereit zu machen; es ging aber weniger schnell, als ich glaubte, ich mußte vieles umändern, mehrere neue Stücke hineindichten, und in diesem Augenblick hat es mein Abschreiber, so daß ich nach erneuter Durchsicht das Gedicht selbst in acht Tagen zuschicken kann, damit Sie es unverzüglich in Druck geben.[12]

Viel größere Änderungen, als die der Dichter tatsächlich vornahm, waren geplant gewesen.[13] In einem Brief vom Dezember

---

[12] Brief an Campe vom 12. XI. 1846. *Werke,* IX, 291.

[13] Die wichtigsten Unterschiede zwischen Buchausgabe und Erstdruck in der *Zeitung für die Elegante Welt* seien hier kurz registriert. Der Zeitungsdruck ist kurz 1. Fassung, die Buchausgabe 2. Fassung genannt.

In der 2. Fassung finden wir drei neue Schlußstrophen im Kaput II, aus den sechs Schlußstrophen des Kaputs in der 1. Fassung wurde das Kaput III der 2. Fassung durch Erweiterung entwickelt.

Die Kapita VI, VII und VIII (das Kaput VI verhöhnt die gleichmacherischen Tendenzen der bürgerlichen Radikalen, Kaput VII befaßt sich symbolisch mit dem plumpen Bärentanz des Atta Troll, Kaput VIII bringt das Gespräch zwischen Vater und Sohn Troll, in dem der Alte den Jungen ermahnt, nur ja recht gottesgläubig zu bleiben) sind neu in der 2. Fassung hinzugefügt worden. Nur die Strophen 3 bis 5 des Kaput VII – über das »sauersüße Menschenlächeln« – waren in der ursprünglichen Form des Kaput XXIII schon enthalten, wenn auch etwas verändert.

Dieses Kaput, das in der 2. Fassung die Nummer XXIII trägt, folgt in der 1. Fassung jenem Kaput (X der 2. Fassung), in dem Atta Troll seinen Sohn zum hannibalischen Schwur der ewigen Feindschaft gegen die Menschheit auffordert.

Nach dem Kaput XXII der 2. Fassung, das die Mops-Episode beendet, folgte in der 1. Fassung ein Kapitel über die sprechenden Vögel, besonders über jenen Vogel Hut-Hut, der von König Salomo und Königin Balkaisa berichtet, wie sie sich Rätsel aufgaben, unter anderen auch jenes Rätsel, wer der größte Lump in allen 36 deutschen Bundesstaaten sei.

Die vier Schlußstrophen des Kaput XXIII der 2. Fassung fehlen in der 1. Fassung, wo das Kaput zwischen den Kapita X und XI (Numerierung der 2. Fassung) eingeschoben war.

Statt der drei Schlußstrophen des Kaput XXIV haben wir in der 1. Fassung vier andere, die gleichfalls mit dem Kernsatz »Kein Talent, doch ein Charakter« enden. In der 1. Fassung sind in diesen drei Strophen Anspielungen auf Liszt (Franz Liszt, 1811–1886, berühmter Klaviervirtuose und Komponist) und Fanny Elßler (1810–1884, bekannte Tänzerin) neben denen auf König Ludwig von Bayern enthalten. Die 2. Fassung ironisiert den König allein.

Der Schluß des letzten Kaput (XXVII) ist in der 2. Fassung verändert. Zwar besteht dieselbe Tendenz, doch ist sie in der 1. Fassung direkter. Der aktuelle Schlachtruf der deutschen Überpatrioten »Die Gallier kommen!« sowie der Seitenhieb auf den neugebackenen Hofrat Tieck sind in der 2. Fassung herausgenommen.

1844 schon, nach einer unerquicklichen Auseinandersetzung mit Campe, finanzielle Regelungen und die Lieferung des *Atta Troll*-Manuskriptes betreffend, schreibt der Dichter an seinen Verleger (und dieser Brief ist besonders bezeichnend dafür, wie die äußeren Lebensumstände, das Verhältnis zum Verleger zum Beispiel, das Schaffen des Dichters beeinflussen):

> Ich zögerte mit dem »Atta Troll« [bezieht sich auf die Buchausgabe], weil ich einige Stücke hinzufügen und dieses auf dem Schauplatz des Gedichtes, in den Pyrenäen, dieses Frühjahr schreiben wollte. Epische Gedichte müssen überhaupt mehrmals umgearbeitet werden. Wie oft ändert Ariost, wie oft Tasso! Der Dichter ist nur ein Mensch, dem die besten Gedanken erst hintennach kommen. Das »Wintermärchen« ist auch in der jetzigen Gestalt unvollendet; es bedarf bedeutender Verbesserung, und die Hauptstücke darin fehlen. Ich habe den heißesten Wunsch, diese so bald als möglich zu schreiben und Sie zu bitten, eine umgearbeitete und stark vermehrte Ausgabe des Gedichtes zu veranstalten. Sie werden sehen, wie es dadurch vollendet sein wird, und welcher Nachjubel entsteht. Während ich aber nur an die Poesie denke, sind Sie nur auf geldliche Vorteile, ja, auf Übervorteilung bedacht. – Ich wünschte, Sie glaubten ein bißchen an Gott![14]

Heine hat sich keinen großen Illusionen über die Buchausgabe des *Atta Troll* hingegeben. Er wußte ganz genau, daß die Bruchstückhaftigkeit, die schon Laube getadelt hatte, nicht beseitigt worden war. »Vier Kapitel habe ich neu hineingeschrieben«, teilt Heine dem Verleger mit, »und manches stark variiert, so daß ich jetzt für das Gedicht wohl auf einen Succès d'estime rechnen kann.«[15] Ein Succès d'estime, ein Achtungserfolg – nicht mehr.

Es hätte noch eine Möglichkeit gegeben, den *Atta Troll* zu vollenden; das war 1851, als Heine die Redaktion seiner Gesammelten Werke übernahm. Aber da war die »Heiterkeit seines Geistes« schon in der Matratzengruft abgestorben; auch stand der Dichter innerlich wohl schon der Zeit zu fern, wo der *Atta Troll* ihm eine geistige Notwendigkeit gewesen. Trotzdem empfindet er das

[14] Brief an Campe vom 19. XII. 1844. *Werke,* IX, 251.
[15] Brief an Campe vom 14. XII. 1846. *Werke,* IX, 294.

Stückhafte an dem Epos noch als so peinlich, daß er die Schuld an der Nichtvollendung auf Campe abzuwälzen sucht – nicht ganz ohne Berechtigung.

Der »Atta Troll« ist in der Tat zu dünnbeinig, um einen Band zu füllen. Aber ich habe schon bei der letzten Herausgabe das Möglichste getan, durch Umarbeitung, durch Hinzufügung von sechs neuen Stücken, einer Vorrede insgleichen, wozu ich mich keineswegs verpflichtet hatte, was ich ganz der Sache wegen tat, ganz uneigennützig, indem ich auch wirklich kein einziges Wort der Anerkenntnis von Ihnen dafür empfing. Später, als ich in schöner Muße in Montmorency lebte, hatte ich die Absicht, den »Atta Troll« um wenigstens ein Drittel zu vermehren, und ich skizzierte bereits die köstlichsten Partien; doch auf meine Anfrage bei Ihnen, ob ich diesen Plan ausführen sollte und gewärtig sein könne, daß ich für diese neue große Arbeit honoriert werde, empfing ich von Ihnen keine Antwort. Bei epischen Gedichten kann man nicht das Ganze gleich geben, und so ein Opus wächst mit den Jahren. Jetzt, wo die Heiterkeit meines Geistes gebrochen, ist nun an die Vollendung des »Atta Troll« gar nicht mehr zu denken, zu meinem und zu Ihrem Schaden. So hat Ihr langjähriges Stillschweigen mißlich gewirkt; durch besprechendes Verständnis hingegen, wie Sie in der jüngsten Zeit gesehen haben werden, gelangen wir beiderseitig zu größerem Vorteil. Ein freudiger Gedanke ist es mir, daß ich Sie nächstes Jahr vielleicht wieder in Paris sehe. Alsdann will ich Ihnen auch meine großen, schematisierten Trolliaden zeigen, die jetzt verloren gegangen. Die Spanne Leben, die ich noch habe, will ich für wichtigere Dinge, als für Altflickerei, anwenden ...[16]

Die Trolliaden, die »skizzierten köstlichen Partien«, sind, bis auf ein paar unwesentliche Verse[17], nicht auf uns gekommen.

---

[16] Brief an Campe vom 13. X. 1851. *Werke,* IX, 395 f.

[17] Es ist übrigens zu vermuten, daß die wenigen Verse aus dem Nachlaß, die Karpeles im *Atta Troll* zu plazieren sucht, auch nicht aus den »skizzierten Trolliaden« stammen, sondern aus den allerersten Entwürfen, aus denen sie Heine schon nicht in den *Atta Troll* übernahm.

III. Kapitel
Mit den Augen des Journalisten

Heine war der erste große Reisereporter. Er war bei weitem nicht der erste Dichter, der über seine Reisen schrieb;[18] aber zwischen Heines Reiseberichten und etwa denen Goethes ist nicht nur ein Unterschied der Charaktere und Temperamente beider Autoren, sondern ein Gattungsunterschied. Äußerlich gesehen: Man kann sich nicht vorstellen, daß etwa Goethes *Italienische Reise* in Fortsetzungen in einer Zeitung erscheinen könne – bei Heines *Harzreise* und noch mehr bei den *Bädern von Lucca* ist das aber durchaus vorstellbar.[19]

Was ist aber der innere, qualitative Unterschied zwischen dichterischer und journalistischer Berichtsweise?

Nicht, daß ein Journalist nicht Phantasie haben dürfte, daß er sich streng an die Tatsachen, an das vor ihm liegende Material oder Bild halten müßte. Der Unterschied liegt im schriftstellerischen Verarbeitungsprozeß. Der Verarbeitungsprozeß vollzieht sich beim »reinen« Dichter in anderen, wenn man so will, tieferen Regionen des Geistes; wobei wir ein Werturteil ausdrücklich ausschließen. Der Journalist reagiert schneller, muß auch schneller reagieren, da er schneller veröffentlichen muß. Das vom Dichter Gesehene nimmt in der Wiedergabe eine grundsätzlich vom Gesehenen verschiedene Form an, ist gleichsam expressionistisch, wäh-

---

[18] Karpeles (in der Einleitung zu den *Reisebildern*) sieht den Einfluß von Laurence Sterne's *Sentimental Journey* und von Johann Georg Jacobis *Winterreise* und *Sommerreise* auf Heine. Und Heine selbst schreibt über seine *Harzreise* an seinen Freund Ludwig Robert, sie sei eine »Mischung von Naturschilderung, Witz, Poesie und Washington Irvingscher Beobachtung« – er kannte also Washington Irving und war von ihm beeindruckt. (Cf. *Werke*, VIII, 447)

[19] Tatsächlich wurde die *Harzreise* vom 10. Januar bis 11. Februar 1826 im *Gesellschafter* des Professor Gubitz in Berlin veröffentlicht.

rend der Journalist mehr beim Objektiven, beim Gegenstand[20] bleibt und, wenn er sich von seinen Gedanken weitertreiben läßt, impressionistisch arbeitet. Das Gegenständliche ist von größerer Wichtigkeit für ihn und seine Leser; er mag geistige Folgerungen ziehen, aber die Folgerungen bleiben sekundär. Im dichterischen Bericht dagegen ist die Idee das Primäre, das Objekt ist nur der Anlaß, der Zündstein für die Idee.

Die hier entwickelten Scheidungen sind natürlich nur theoretisch und auf den Dichter-Journalisten Heine nur in begrenztem Maße anwendbar. Heine ist beides, Dichter und Journalist. Beschränken wir uns hier auf die Betrachtung der journalistischen Seite.

Im *Atta Troll* finden sich genügend Stellen, die man als journalistisch bezeichnen muß. Der ganze *Atta Troll* ist ja Bericht einer Reise, einer Wanderung und Bärenjagd in den Pyrenäen, samt eingeschobenen Gedankenreflexionen des Dichters. So ist das journalistische Element im *Atta Troll* vollkommen organisch an seinem Platze.

Als Beispiel sei der Bericht über die Cagoten, einen elenden Volksstamm in den Pyrenäen,[21] gebracht.

---

[20] Auch Goethe, um bei unserem Vergleich zu bleiben, hat große Partien objektiver Schilderungen, aber sie sind bei ihm fast oder ganz wissenschaftlicher, keinesfalls journalistischer Natur.

[21] Cagots sind eine seltsame Menschengattung in den französischen Westpyrenäen, die man früher mit Unrecht für Kretinen gehalten hat. Die allgemeine Eigentümlichkeit, durch die sie sich von den anderen Landesbewohnern unterscheiden, besteht darin, daß sie runde Ohren haben, indem ihnen durchgehends die Läppchen fehlen. Sie sollen von zurückgebliebenen Westgoten abstammen; im Mittelalter waren sie von der menschlichen Gesellschaft ausgeschlossen und mußten als Abzeichen ein Stück rotes Tuch oder eine Eierschale auf der Kleidung angeheftet tragen. Der Aberglaube schrieb ihnen Aussatz, übeln Geruch u. dgl. mehr zu. Außer in den ehemals aquitanischen Ländern beiderseits der Pyrenäen, im spanischen Obernavarra, im französischen Niedernavarra, Guyenne, Gascogne, Béarn, leben Cagots noch in Unterpoitou, in der Bretagne und in Maine, wo sie Caqueux, Cacoas oder Caquins heißen. Verwandt mit ihnen sind die auch Cagots genannten Colliberts in Niederpoitou. Die Revolution gab ihnen 1793 gleiche Rechte mit den übrigen Franzosen, ohne jedoch, wie es scheint, das Vorurteil, das sie gegen sich haben, sofort heben zu können. (Cf. Brockhaus' *Konversationslexikon,* (14. Auflage), III, 794.)

Die Bewohner dieser Hütte
Sind Cagoten, Überbleibsel
Eines Stamms, der tief im Dunkeln
Sein zertretnes Dasein fristet.

In den Herzen der Baskesen
Würmelt heute noch der Abscheu
Vor Cagoten. Düstres Erbteil
Aus der düstern Glaubenszeit.

In dem Dome zu Bagnères
Lauscht ein enges Gitterpförtchen;
Dieses, sagte mir der Küster
War die Türe der Cagoten.

Streng versagt war ihnen ehmals
Jeder andre Kircheneingang,
Und sie kamen wie verstohlen
In das Gotteshaus geschlichen.

Dort auf einem niedern Schemel
Saß der Cagot, einsam betend,
Und gesondert, wie verpestet,
Von der übrigen Gemeinde.[22]

Diese Strophen sind nichts anderes als ein versifizierter journalistischer Tatsachenbericht.

Man kann den Vorgang der Aufnahme leicht rekonstruieren. Der Journalist Heine trifft auf seiner Wanderung die einsame, armselige Hütte. Als Dichter hätte er sich vielleicht mit der Impression des Elends und Verfalls begnügt, als Journalist muß er sich »informieren«. Er hört, daß die Baskesen noch heute einen geheimen Abscheu vor den Cagoten haben. Er fragt weiter. Er erfährt, daß im Dom zu Bagnères noch jetzt der Sondereingang für die Cagoten zu sehen sei. Er besucht den Dom, läßt sich vom Küster das Pförtchen zeigen, und jetzt, erst jetzt, beginnt die Phantasie zu spielen. Im Halbdunkel des Doms vergegenwärtigt er sich den Cagoten, »auf einem niedern Schemel sitzend, einsam betend, und geson-

---

[22] *Atta Troll,* Kaput XV. *Werke* II, 142.

dert, wie verpestet«. Es ist ganz nüchterne, beinah Prosasprache, in der berichtet wird.

Ein anderes Beispiel sei herangezogen nicht nur wegen der darin enthaltenen Anklänge an die *Harzreise,* sondern weil darin besonders klar der leichte, plaudernde, feuilletonistische Ton zu erkennen ist, in dem Heine hier nicht dichtet, sondern berichtet.

Ob es wirklich Wein gewesen,
Was ich trank am Lac de Gobe,
Weiß ich nicht. In Braunschweig hätt ich
Wohl geglaubt, es wäre Mumme.[23]

Von dem besten schwarzen Bocksfell
War der Schlauch, er stank vorzüglich.
Doch der Alte trank so freudig,
Und er ward gesund und heiter.[24]

Man beachte die Wichtigkeit, die hier kleinen Umständen zugewiesen wird. Man beachte ferner den Wortwitz, der in »stank vorzüglich« steckt. Den Wortwitz überhaupt, ein Charakteristikum des Zeitungsfeuilletons, finden wir öfters im *Atta Troll.*

Und wir haben doch gelitten
Große Nöten! Welcher Regen
Überfiel uns auf der Koppe,
Wo kein Baum und kein Fiaker!

Wolkenbruch! (Das Bruchband platzte.)[25]

Die Idee eines Fiakers auf dem Gipfel eines Pyrenäenberges ist sicher nicht auf dichterische Weise erzeugt worden. Die Ideenassoziation, die Heine hatte, ist einfach zu verfolgen (Berg – Regen – Baum – Regen in der Stadt – Fiaker), so einfach, daß man mit

---

23 Mumme ist ein dunkles, süßes Bier, das seit altersher eine Braunschweiger Spezialität ist. Heine mag es wohl in Göttingen kennengelernt haben.
24 *Atta Troll,* Kaput XII. *Werke* II, 136.
25 *Atta Troll,* Kaput XXI. *Werke,* II, 158. – Für Nichtkenner des Süddeutschen sei beigefügt, daß ein Fiaker von München südwärts die Bedeutung einer Pferdekutsche hat.

Recht sagen kann, die Impression »Regen auf wildem Gebirgsgipfel« sei nicht dichterisch verarbeitet worden, reifte innerlich nicht aus, nahm keine neue, starke Form an. Noch offensichtlicher ist die Assoziation bei dem »Bruchband«, wo einfach das Wort »Wolkenbruch« die Ursache für einen, noch dazu schlechten, Witz wurde.

Ein besserer Wortwitz liegt in folgenden Versen:

> . . . Liebster Schnee, ich zweifle,
> Daß im Tale solch ein glänzend
> Schicksal Dich erwartet hätte.
>
> Tröste Dich. Nur wen'ge unten
> Werden Perlen, und Du fielest
> Dort vielleicht in eine Pfütze,
> Und ein Dreck wärst Du geworden.[26]

Dabei hat das Wort »Dreck« – und das ist der Witz – zu gleicher Zeit eine höchst realistische aber auch sinnbildliche Bedeutung.[27]

Heine legte Wert auf das Wort. Er legte Wert auf geschickte Wortsetzung und auf Wortwitze, die beide zu wichtigen Bestandteilen des deutschen und österreichischen schöngeistigen Feuilletons gehören. Edouard Grenier, der Übersetzer des *Atta Troll* ins Französische, berichtet über diesen Charakterzug Heines sehr interessant:

> . . . *Atta Troll.* Nur letztere Übersetzung wurde angenommen und erschien im März 1847 in der *Revue des deux Mondes,* natürlich unter dem Namen Heinrich Heine. Dieses Gedicht hatte einen großen Erfolg, und es hat ihn mit Recht noch heute . . . Ich hatte mit dem Dichter wahre Kämpfe zu bestehen bei dieser Übersetzung wie auch bei andern. Er kaprizierte sich darauf, in das Französische kühne Ausdrücke einzuführen, seltsame Zusammensetzungen, die das Deutsche sich wohl erlauben kann – . . . Die Worte zogen ihn magnetisch an und blendeten ihn. Ich glaube, er las Zeitungen nur mit zwei Gedanken: erstens, um zu sehen, ob

---

[26] *Atta Troll,* Kaput XVI. *Werke,* II, 144.
[27] »Ein Dreck wirst du werden . . .« ist eine vulgäre Redensart, die bedeutet: Aus dir wird nichts werden.

darin die Rede von ihm war;[28] und zweitens, um Worte, selbst Wortspiele, zu suchen. Er besaß wohl Geist genug, um Worte in sich selber zu finden, doch verschmähte er keineswegs, anderer Worte zu sammeln und sie schöner aufzuputzen oder schärfer zu schleifen.[29]

Es wäre zu viel behauptet, daß die Liebe fürs Wort – in gutem und schlechtem Sinn – die ausgesprochene Eigenschaft allein des feuilletonistischen Journalisten sei. Aber die Art, in der Heine seine Fähigkeit mit den Worten zu spielen, seine ungeheure Sprachmeisterschaft, benutzt, ist doch häufig die des Zeitungswitzes, des Witzes um des Witzes willen; denn die Eindringlichkeit etwa des Bildes eines Gebirgsregens wird durch ein »geplatztes Bruchband« nicht eben gesteigert – im Gegenteil, der Leser wird absichtlich vom intensiven Empfinden einer Situation abgelenkt, um den journalistischen Geistesblitz zu bewundern.

Die Effektzerstörung um narzißhafter Selbstbespiegelung willen findet sich bei Heine, dem selbständigsten Meisterschüler der Romantik, sehr oft; Eitelkeit ist allerdings nur einer der Gründe für die absichtlichen Brüche in den Dichtungen. Wir werden darauf näher einzugehen haben. Diese Effektzerstörung ist vielleicht das zukunftsträchtigste Element der romantischen Dichtung, der Keim zu einer neuen, mehr nüchternen Kunst. Und Heine ist die Persönlichkeit, in der Vergangenheit und Zukunft verkörpert waren.

---

[28] Hierzu sei Heines Freund Levin Schücking zitiert:
». . . eine mir unerklärliche Schwäche des großen Dichters – das rätselhafte Gewicht, welches er darauf legte, von sich gesprochen, in den Blättern seinen Namen gedruckt, von sich ›notizelt‹ zu sehen . . .« (Cf. H. H. Houben, *Gespräche mit Heine,* S. 503.)

[29] H. H. Houben, *Gespräche mit Heine* (Frankfurt am Main, 1926), S. 512f.

IV. Kapitel
Die Romantik im Atta Troll

Daß Heine, der Diesseitsmensch, der Journalist, im tiefsten Grunde seines Herzens Romantiker ist – und nie gänzlich aufhört, Romantiker zu sein – gehört zu den Widersprüchen, die das Charakterbild Heines erst recht reizvoll machen. Es wäre ja so schön, wenn man Dichter ganz einfach wie Mumien kategorisieren und katalogisieren könnte. Aber sie sind Menschen, lebendige Menschen, die sich entwickeln; und es gibt keine Pause in dieser Entwicklung, keinen Punkt, wo man eindeutig sagen könnte: Zu der oder jener Zeit war der Dichter so und so. – Heine nennt sich selbst den »letzten und abgedankten Fabelkönig« der Romantik. Eine leise Trauer um das, was mit der Romantik verlorengegangen ist, klingt mit. Es ist ein Zustand wie der, in dem ein Kind zum Manne wird; und der junge Mann trauert der entschwundenen Kindertraumwelt nach.

Atta Troll ist Abrechnung und Abschiedsgesang. Heine hat versucht, in die Gegenwart von 1842 hineinzuretten, was ihm an der Romantik als rettbar erschien. Er schreibt an Laube bei Gelegenheit der Übersendung des *Atta Troll*-Manuskripts:

> Ich habe . . . versucht, die alte Romantik, die man jetzt mit Knüppeln totschlagen will, wieder geltend zu machen, aber nicht in der weichen Tonart der frühern Schule, sondern in der kecksten Weise des modernen Humors, der alle Elemente der Vergangenheit in sich aufnehmen kann und aufnehmen soll.[30]

Daß Heine »versucht«, daß er also bewußt eine Gedankenform und Geisteshaltung der Vergangenheit, die romantische, wieder aufnehmen will, deutet darauf hin, daß Heine kein echter Roman-

---

[30] Brief vom 20. XI. 1842. *Werke,* IX, 193.

tiker mehr ist. Denn wer sich bewußt ist, daß er sich in eine bestimmte Geisteshaltung, wie in ein Kleid, begibt, beweist damit, daß er in Wahrheit schon über dieser Geisteshaltung steht, sie als Mittel benutzt, daß ihm die Ausdrucksformen und die Gedankenwelt, in diesem Falle, der Romantik nicht mehr die einzig mögliche, ursprünglich eingeborene Weise der Lebensäußerung ist.

Dennoch glaube ich, daß die romantischen Züge im *Atta Troll* ausschließlich auf das Bewußtsein, auf den Willen des Dichters zurückzuführen, Heine einseitig zu betrachten hieße. Er ist ja nicht nur Handwerker. Die romantischen Elemente im *Atta Troll*[31] sind zu stark, zu sehr erfühlt, als daß wir sie nur als literarisches Experiment betrachten könnten.

Heine selbst widerspricht in der Vorrede zum *Atta Troll* der zitierten brieflichen Äußerung.

> Was den ästhetischen Wert meines Poems betrifft, so gab ich ihn gern preis, wie ich es auch heute noch tue; ich schrieb dasselbe *zu meiner eigenen Lust und Freude* [Hervorhebung, d. A.], in der grillenhaften Traumweise jener romantischen Schule, wo ich meine angenehmsten Jugendjahre verlebt, und zuletzt den Schulmeister [in der französischen Übersetzung folgt: Diesen armen Schlegel[32]] geprügelt habe.[33]

Wahrscheinlich liegt die Wahrheit zwischen beiden Extremen: Die Absicht, die romantische Denk- und Pflichtform zu retten,

---

[31] Es ist hier unmöglich, einzelne Kapita aufzuzählen, die zur Gänze romantisch sind. Aber in jedem Kaput sind in längerer oder kürzerer Folge Strophen enthalten, die nicht anders als rein romantisch zu nennen sind. Innerhalb der Kapita wechselt Romantisches und Realistisches, Sehnsüchtiges und Nüchternes, Poetisches und Politisches ganz plötzlich ab. Ein großer Teil der Wirkung des *Atta Troll* beruht ja auf diesem Wechsel. Man erlasse es mir daher, eine Liste »romantischer Strophen« zu bringen – ganz zu schweigen davon, daß bei vielen Strophen die Streitfrage auftauchen müßte, ob sie den romantischen oder nicht-romantischen zuzuzählen sind.

[32] Heine richtete im zweiten Buch der *Romantischen Schule* bösartige persönliche und literarische Angriffe auf August Wilhelm von Schlegel, bei dem er studiert, und mit dem er gesellschaftlich verkehrt hatte.

[33] Vorrede zum *Atta Troll. Werke,* II, 107 f. – Gleichzeitig soll dieser Satz wohl auch dazu dienen, die verschiedenen formellen Mängel des Epos (Cf. die Kapitel »Journalistische Fesseln« und »Vom Journal zum Verleger« der vorliegenden Arbeit) entschuldigen zu helfen.

wirkt zusammen mit der inneren Notwendigkeit, die den Dichter Heine noch an die Romantik bindet.

Doch weiß Heine nur zu gut, daß die Romantik tot ist, und daß auch er wohl nicht mehr im Stande sein wird, trotz »modernen Humors« und trotz »Keckheit«, ihr neues Leben einzuhauchen. Im selben Brief, in dem Heine dem Freund Laube mitteilt, daß er sich bewußt für die Romantik einsetzt, macht er auch schon seinen Zweifeln Luft.

> Aber das romantische Element ist vielleicht unserer Gegenwart allzu sehr verhaßt, es ist untergegangen bereits in unserer Literatur, und vielleicht in dem Gedichte, das ich Ihnen jetzt schicke, nimmt die Muse der Romantik auf immer Abschied von dem alten Deutschland.[34]

Heine gefällt sich in einer Art Koketterie mit seiner Trauer für die verklungene Romantik. Dieselbe Koketterie ist auch im *Atta Troll* spürbar. Heine trauert um etwas, das ihm »vielleicht« vergangen erscheint, aber die Trauer selbst wird wieder halbironisch ins Licht gerückt. Denn wofür sonst wäre eine Stelle geschrieben, wie die im Widmungskaput des *Atta Troll* an Varnhagen von Ense?[35]

> Klang das nicht wie Jugendträume,
> Die ich träumte mit Chamisso,
> Mit Brentano und Fouqué
> In den blauen Mondscheinnächten?
>
> . . . .
>
> Ja, mein Freund, es sind die Klänge
> Aus der längst verschollnen Traumzeit,
> Nur daß oft moderne Triller
> Gaukeln durch den alten Grundton.

---

[34] Brief vom 20. XI. 1842. *Werke,* IX, 193.

[35] Varnhagen von Ense, der Gatte der berühmten Rahel Varnhagen, die in ihrem Berliner literarischen Salon viel zur Förderung der Romantik beigetragen hatte, war ein Freund Goethes und, späterhin, auch ein Freund und Gönner Heinrich Heines.

Trotz des Übermutes wirst Du
Hie und dort Verzagnis spüren ...[36]

Das Gefühl der Trauer ist wohl echt. Und doch ist etwas Narzißhaftes, Selbstbespiegelndes in diesen Versen. Heine weiß sich zu gut zu analysieren, als daß man ihm auch nur die Trauer um die Romantik vollkommen glauben könnte. Er selber hat ja auch dazu beigetragen, die alte Romantik zu Grabe zu tragen, sie zu diskreditieren. Man nehme einen Vers wie den folgenden:

Wie die Wasserstürze kreischten!
Wie der Wind die Tannen peitschte,
Daß sie heulten! Plötzlich platzten
Auch die Wolken - schlechtes Wetter![37]

und beachte, wie durch die zwei letzten Worte »schlechtes Wetter« die soeben geschaffene Illusion beinahe frivol zerstört wird. Und mit welcher Meisterschaft die Illusion erst aufgebaut wurde! Die Alliteration »Plötzlich platzten«, die Klangmalerei »kreischten – peitschten« – und dann die kühle Randglosse »schlechtes Wetter«. Es ist die alte Methode des Heineschen ironischen Gedichtschlusses. Sie ist äußerst geeignet, alle »romantischen Elemente« zu neutralisieren oder gar die Wirkung der Illusion in ihr Gegenteil zu verkehren.[38] Heine hat selber Totengräberarbeit an der Romantik geleistet, und dann, wie er sich ausdrückt, bei der neuen Zeit »Hebammendienst« getan.

Übrigens glaubt Heine auch selber gar nicht mehr daran, daß die Romantik wieder aufleben könne. Ihre Lieder sind »verschollen«.[39]

Vor zwanzig Jahren, ich war ein Knabe, ja damals ... Aber so vieles hat sich seit damals ereignet! Was mir so herrlich dünkte, jenes chevale-

---

[36] *Atta Troll,* Kaput XXVII (An August Varnhagen von Ense). *Werke,* II, 180.
[37] *Atta Troll,* Kaput XII. *Werke,* II, 135.
[38] Näheres siehe im Kapitel »Heines Ironie« der vorliegenden Arbeit, S. 32. Vergl. aber auch S. 24 und 25.
[39] Cf. *Schwabenspiegel. Werke,* VIII, 211.

reske und katholische Wesen, jene Ritter, die im adligen Turnei sich hauen und stechen, jene sanften Knappen und sittigen Edelfrauen, jene Nordlandshelden und Minnesänger, jene Mönche und Nonnen, jene Vätergrüfte mit Ahnungsschauern, jene blassen Entsagungsgefühle mit Glockengeläute, und das ewige Wehmutsgewimmer, wie bitter ward es mir seitdem verleidet![40]

In der *Romantischen Schule* hat Heine die Romantik, ihre Dichter und Sprachführer literarhistorisch und polemisch behandelt, und zwar schon im Jahre 1833. Literarhistorische Betrachtung hat aber zur Voraussetzung, daß die behandelte Periode wenigstens einigermaßen als abgeschlossen gelten kann. Und wenn Heine schreibt:

Die Wirkung, die ... die Schriftsteller, die in Deutschland das Mittelalter aus seinem Grabe hervorzogen ... auf die große Menge ausüben konnten, gefährdete die Freiheit und das Glück meines Vaterlandes ...[41]

so dürfen wir annehmen, daß er der Romantik im Jahre 1842, als er den *Atta Troll* schreibt, nicht vorbehaltlos zu einer vollen Auferstehung verhelfen wollte. Wie ein Sohn, der seiner Mutter Fehler kennt und weiß, daß ihre Schönheit dahin ist, sich doch gern ihrer erinnert und versucht, was gut an ihr war, in seine Gegenwart zu retten, so handelt Heine der Romantik gegenüber. Er wiß, daß diese Erinnerungen das Letzte sind, was vielleicht überleben wird.

Das tausendjährige Reich der Romantik hat ein Ende, und ich selbst war sein letzter und abgedankter Fabelkönig. Hätte ich nicht die Krone vom Haupte fortgeschmissen und den Kittel angezogen, sie hätten mich richtig geköpft. Vor vier Jahren [1842] hatte ich, ehe ich abtrünnig wurde von mir selber, noch ein Gelüste, mit den alten Traumgenossen mich herumzutummeln im Mondschein – und ich schrieb den »Atta Troll«, den Schwanengesang der untergehenden Periode ... Sie [Varnhagen] haben gleich mir die alte Zeit begraben helfen und bei der neuen Hebammendienst geleistet – ja, wir haben sie zu Tage gefördert und erschrecken – Es

---

[40] *Die Romantische Schule. Werke,* V, 280 f.
[41] *Die Romantische Schule. Werke,* V, 291.

geht uns wie dem armen Huhn, das Enteneier ausgebrütet hat und mit Entsetzen sieht, wie die junge Brut sich ins Wasser stürzt und wohlgefällig schwimmt.[42]

Der Ton des Briefes ist zu ironisch, als daß man glauben könnte, Heine habe wirklich die Haltung des »erschrockenen Huhns« angenommen. Er ist vielmehr lustig mit den Enten in die neue Zeit geschwommen, oder, wenn nicht lustig, so doch melancholisch. Aber geschwommen ist er.

[42] Brief an Varnhagen von Ense vom 3. I. 1846. *Werke,* IX, 274.

V. Kapitel
Heines Ironie

Die Heinesche Ironie ist schon am Anfang der literarischen Laufbahn des Dichters auf eine gewisse, schwer definierbare Art von der Ironie der Romantiker verschieden, obzwar Heine von der Romantik herkommt. Die abrupten, desillusionierenden Schlüsse, die sich schon recht früh finden,[43] machen seine Ironie bösartiger als es die im Grunde gutmütig lächelnde Ironie der Romantiker ist. Und je älter Heine wird, desto mehr scheidet sich seine Ironie von der Ironie der Romantiker, bis wir die beiden Ironien als etwas prinzipiell Verschiedenes, Gegensätzliches unterscheiden können. »Die Ironie der Romantik löst die Ebene der gemeinen Wirklichkeit zugunsten des Traums auf . . . Heines Witz dagegen zerstört den Traum zugunsten der gemeinen Wirklichkeit.«[44] Ich kann

---

[43] Als Beispiel sei das Gedicht Nr. 58 aus dem *Lyrischen Intermezzo* angeführt, das schon 1822 in Nr. 161 des *Gesellschafter* das erste Mal veröffentlicht wurde. (*Werke,* I, 137)

Mir träumte wieder der alte Traum:
Es war eine Nacht im Maie,
Wir saßen unter dem Lindenbaum,
Und schwuren uns ewige Treue.

Das war ein Schwören und Schwören aufs Neu',
Ein Kichern, ein Kosen, ein Küssen;
Daß ich gedenk des Schwures sei,
Hast Du in die Hand mich gebissen.

O Liebchen mit den Äuglein klar!
O Liebchen, schön und bissig!
Das Schwören in der Ordnung war,
Das Beißen war überflüssig.

[44] Diese Scheidung, die Max Brod macht, scheint die prägnanteste und klarste zu sein. Sie faßt im kürzestmöglichen Raum das Typische der beiden Ironien zusammen. – Cf. Max Brod, *Heinrich Heine* (Leipzig/Wien, 1934), S. 291.

Brod nicht recht geben, wenn er diese »bösartige«, die Illusion zerstörende Ironie als jüdische Stammeseigenschaft bezeichnet.[45] Aber Brod ist im Recht, solange er sich auf die Charakteranalyse Heines beschränkt und von gemeinplatzartigen Folgerungen absieht.

> Man darf sich nicht vorstellen, daß Heine seine Witze zum Vergnügen seiner selbst oder der Gesellschaft machte. Sie waren seine Naturäußerung, entsprangen einer dämonischen Kraft in ihm, die er nicht zu meistern vermochte . . . Weit entfernt davon, auf Wirkung berechnet zu sein, ist Heine als Witzbold vielmehr unklug, von sich selbst fortgerissen, höchst unpraktisch-feindschaftstiftend . . .[46]

Das Zeugnis einer Zeitgenossin, der Madame Caroline Jaubert – sie war eine Freundin Heines – belegt den Gedanken von der »dämonischen« Ironie. Trotz ihrer Freundschaft mit Heine behielt Madame Jaubert doch ihren kritischen Blick dem Dichter gegenüber.

> Es erschien ihm eine erlaubte Belustigung, mit der Feder in der Hand seiner Ironie freien Lauf zu lassen und mit grausamer Spöttelei seine besten Freunde zu verfolgen. Versuchte man, in ihm Reue für solches Vorgehen zu erwecken, so hörte er neugierig zu, als sei er bei der Sache ganz unbeteiligt. Dann fuhr er mit Begeisterung fort, sein Thema in anderer Weise zu bearbeiten, und fügte eine Menge Vergleiche hinzu, die er drukken zu lassen nicht gewagt hatte und die er glückstrahlend ausdrückte.[47]

Wir finden also die Ironie einerseits als unbewußten Lebensausdruck Heines. Andererseits benutzt Heine seine Ironie, seine Bosheit, ganz bewußt. Heinrich Laube berichtet ein sehr interessantes, charakteristisches Gespräch mit Heine, aus dem des Dichters Wis-

---

[45] Max Brod gibt sogar dem VIII. Kapitel seines verdienstvollen Buches den Untertitel »Jüdisches Schicksal als Schicksal eines Dichters«. – Ich unterscheide mich in diesem Punkte weltanschaulich von Brod. Ich glaube nicht an »Stammeseigenheiten«. Meine Anschauungen hier zu fundieren, würde zu weit über den Rahmen dieser Arbeit hinausgehen.

[46] Brod, *op. cit.*, S. 299 f.

[47] Caroline Jaubert, *Heinrich Heine, Erinnerungen aus den letzten zwanzig Jahren seines Lebens (1835–1855)*, autorisierte Übersetzung von Luise Walter (Paris/Leipzig, 1884), S. 67.

sen um seine Ironie hervorgeht. Der französische Staatsminister Mignet hatte, trotz seiner recht zeitraubenden Beschäftigung, die Muße gefunden, Heines *Atta Troll* zu lesen. Laube hatte gezweifelt: »Wie sollen die Franzosen alle die kleinen Eidechsen und Schlangen von deutschen Anspielungen verstehen?« Heine hatte erwidert: »Es errät kein Volk so gern und so geschickt als das französische. Besonders Malicen!«[48]

Wir sind hier an einem der Grenzgebiete der Seele. Wo liegt die Scheidelinie zwischen Bewußtem und Unbewußtem im Schaffen des Dichters? Wo hört der Trieb auf, und wo beginnt die Absicht, die Berechnung? Wie weit ist Heine ironisch, weil er am eignen Witz ersticken würde, wenn er ihn nicht ausspräche, und wo beginnt er den Witz, die Ironie, als Mittel zum Zweck, um des Effekts auf das Publikum willen, einzusetzen?

Als Journalist und Politiker ist Heine sicher berechnend. Er will Effekt machen, er will eine bestimmte gewünschte Wirkung erzielen. Läßt sich aber der Charakter eines Menschen wie eine chemische Essenz zerlegen? Läßt sich der Journalist und Politiker vom Dichter trennen? Nein, zumindest bei Heine nicht.

Weiter muß die Frage aufgeworfen werden: Hört der Dichter in dem Augenblick, wo er bewußt arbeitet, auf, Dichter zu sein? Ist der wahre Dichter nur die unbewußte, prophetische Stimme eines Dämons?

Der italienische Philosoph und Ästhetiker Benedetto Croce, der Heine seiner Bewußtheit, seines Zielwillens wegen verurteilt, bejaht die zuletzt gestellte Frage.

> Jesters are artists in the manner of orators (and it can be shown that they are a sub-species of these) because they must make use of poetical images in the development of their activity, which does not lead to a poetical image, but to a practical effect, and since they reduce poetry to the level of a means or an instrument, *they are not poets.*[49]

---

[48] Zitiert nach H. H. Houben, *op. cit.,* S. 570.

[49] Benedetto Croce, *European Literature in the Nineteenth Century,* trans. Douglas Ainslie (New York, 1924), S. 195.

Nicht etwa, um Heine zu verteidigen – ich versuche, parteilos zu sein –, sondern aus prinzipiellen Gründen muß die Gegenfrage gestellt werden: Ist das poetische Bild der einzige Zweck der Dichtung? Das heißt: Ist Dichtung um ihrer selbst willen da? *L'art pour l'art?* Hat die Dichtung das Recht, in Zeiten wie in denen, da Heine lebte, sich in den Elfenbeinturm zurückzuziehen, schöne poetische Bilder zu produzieren, die das Leben vielleicht vergnüglicher aber auch sonst nichts machen?

Die Croce und seinesgleichen opponierende Richtung sagt – und sie darf Heine[50] als einen der Ihren in Anspruch nehmen –: Dichtung ist auch, im höchsten Sinne, Mittel und Instrument. Eine Dichtung ist schlecht und verfehlt, wenn sie keinen Effekt, keine Wirkung hat, wenn der Leser oder Hörer nicht nach Genuß der Dichtung zum Denken angeregt wird, wenn er nicht folgert: Etwas muß ich tun mit mir selbst oder mit der Welt. Denn schließlich hat auch das »rein poetische Bild« einen Zweck, nämlich den Blick aufzuschließen für etwas Neues, nie Gesehenes, nie Erfühltes, ganz gleich welcher Art.

Die reine Beschaulichkeit aber, der Croce das Wort redet, dient gleichfalls einem Zweck, auch wenn die Vertreter der Croceschen Anschauung es nicht zugestehen wollen, einem reaktionären Zweck: Zu vernebeln, zu verhüllen, den Leser in eine Lethargie zu versenken, in der alle und alles am Ende ersticken.

Die Heinesche Ironie dagegen schläfert nicht ein, sie rüttelt auf. Diese Ironie ist antiromantisch,[51] sie zerstört die alte Traumwelt, sie eröffnet neue Perspektiven. Es ist eine fortschrittliche Ironie.

---

[50] Heine, der sagt:

... ach! Wenn man bedächte, wie die Strategie eines Autors, der für die Sache der europäischen Freiheit kämpft, wunderlich verwickelt ist, wie seine Taktik allen möglichen Veränderungen unterworfen, wie er heute etwas als äußerst wichtig verfechten muß, was ihm morgen ganz gleichgültig sein kann, wie er heute diesen Punkt, morgen einen andern zu beschützen oder anzugreifen hat, je nachdem es die Stellung der Gegenpartei, die wechselnden Allianzen, die Siege oder Niederlagen des Tages erfordern! (Cf. *Schwabenspiegel, Werke,* VIII, 208 f.)

[51] Ich lege hier die auf S. 32 der vorliegenden Arbeit gegebene Scheidung der romantischen Ironie von der Heines, wie sie Max Brod formuliert hat, zu Grunde.

VI. Kapitel
Heines sardonisches Lächeln

Jene besonders Heinesche Ironie findet ihren Ausdruck in dem wieder besonders Heineschen Lächeln. Es ist ein Lächeln der Überlegenheit. Wenn wir Brod glauben dürfen, der große Partien der Heineschen Psyche aus der in Hamburg von dem »Cousinchen«[52] erlittenen Jugendwunde zu erklären versucht, mag es ein Lächeln sein, das ursprünglich Abwehrwaffe war. Mag sein, daß aus jener verschmähten Liebe ein Komplex erwachsen war, der durch das Lächeln, durch die sehr oft verletzende Ironie abreagiert, ausgeglichen, überwunden werden sollte – in dem Stadium der Entwicklung Heines, das hier behandelt wird, ist aus dem Lächeln der Abwehr längst Angriffswaffe geworden. Heine, der sich selbst sehr scharf beobachtet und seine Möglichkeiten kennt, weiß um die Geschliffenheit dieser Waffe. Er weiß, wie man damit trifft. Wie oft haben die Gegner aufgeschrien, wenn er sie mit dem fata-

---

[52] Das »Cousinchen« ist Amalie Heine, die Tochter des reichen Bankiers Salomon Heine. Brod schreibt:

Die Bedeutung dieser Liebe für Heines Leben kann schlechterdings nicht überschätzt werden, sie ist das absolut Richtunggebende, sie begründet Heines ressentimentale Haltung, seine Menschenverachtung, sie bildet in ihm die unheilvollen Gaben des Spottes, der Frivolität aus ... (M. Brod, *op. cit.*, S. 72).

Doch ist die verschmähte Liebe nicht das einzige, was Heine tiefe Wunden schlug. Der junge Heine lebte als der »arme Verwandte« im Hause des Millionärs.

> Da gabs wahrhaftig keinen Baum,
> Worunter nicht Beleidigungen
> Mir zugefüget worden sind
> Von feinen und von groben Zungen.
> (»Affrontenburg«, *Werke,* II, 490).

Heine hat die ihm zugefügten Erniedrigungen nie vergessen. Noch in der Matratzengruft, in der das hier zitierte Gedicht »Affrontenburg« entstanden ist, versucht er, dem lang genährten Haß Luft zu machen.

len »sauersüßen Zucken um das Maul« behandelt hat! Atta Troll, der personifizierte Gegner brüllt ohnmächtig:

Menschen, schnippische Kanaillen!
Lächelt nur! Von eurem Lächeln
Wie von eurem Joch wird endlich
Uns der große Tag erlösen!

Mich verletzte stets am meisten
Jenes sauersüße Zucken
Um das Maul – ganz unerträglich
Wirkt auf mich das Menschenlächeln![53]

Die Reaktion der Gegner auf diese lächelnde Überlegenheit ist plumper, bärenhafter Haß, dem Heine nur wiederum mit seinem Lächeln begegnet. So ergibt sich ein dauerndes Hin und Her, ein fortgesetzter Kampf zwischen dem übermächtigen, durch die Presse, Regierungen und Polizei favorisierten »Bären« und dem eleganten Fechter Heine. Und so erklärt sich die Unversöhnlichkeit der Feindschaften, in die Heine verwickelt wird. Denn niemand ist unversöhnlicher als der Feind, der sich nicht für voll genommen hält. Die Maßmann, Menzel, Pfizer usw.,[54] so widerstrebende, gegensätzliche Elemente, vereinigen sich im Bärenhaß gegen den Überintellektuellen.

Und da Heine in der Figur des Atta Troll alle diese Zeitgrößen auf einmal abschlachten will, liegt hier einer der Gründe, warum die Persönlichkeit Atta Troll so uneinheitlich zu sein scheint. Atta Troll ist eine um der Polemik willen geschaffene Figur, zusammengesetzt aus den Charakterzügen: Phrasenpatriotismus, kleinbürgerlicher Liberalismus, Spießertum, kompromißlerischer Republikanismus – und der Bärentanz, den Troll aufführt, wird so wild, weil der Arme von so vielen Motiven getrieben wird.[55]

---

[53] *Atta Troll,* Kaput VII. *Werke,* II, 124.

[54] Siehe das Kapitel »Die persönlichen Angriffe im *Atta Troll*« der vorliegenden Arbeit.

[55] Näheres darüber in dem Kapitel »Die Persönlichkeit Atta Troll« der vorliegenden Arbeit.

Heine weiß sogar, daß dies sein Lächeln möglicherweise, nein, wahrscheinlicherweise, ungerecht ist. Aber er nimmt sich das Recht, ungerecht zu sein. Es ist das *Recht der überlegenen Persönlichkeit.* Wie er sich unter Menschenbrüdern als den »Großen Bruder« bezeichnet, dem selbstverständlich auch die größeren Portionen zustehen,[56] so identifiziert er sich im Epos *Atta Troll* als den »Menschen«, dem »Bären« gegenüber. Er darf subjektiv sein, weil er überlegen ist.

Und wieder steht der Gegner dieser überlegenen Subjektivität wehrlos gegenüber, wieder bleibt ihm nur der plumpe Haß, die plumpe Verfolgung. Atta Troll definiert diese Quelle des Lächelns sehr hübsch – und auch diese Stelle darf als Beweis dafür gelten, wie klar sich Heine über sich selbst war.

> Läßt sich mal ein Mensch herab,
> Eines seiner Nebentiere
> Im Gedichte zu besingen,
> Zeigt sich wieder seine Selbstsucht;
>
> Denn im Liede, wie im Leben
> Usurpiert er unsre Rechte,
> Seine Subjektivität
> Drängt sich vor in jedem Verse,
>
> Und anstatt von einem Bären,
> Den er feiern wollte, spricht er
> Nur von sich und seinen kranken
> Narretein und Hirngespinsten.
>
> Dieses nennt er Ironie,
> Und er lächelt . . .[57]

Heines Freund Meißner nennt dieses Lächeln destruktiv. Und der literarische Ausdruck dieses »Lächelns«, durch Heines gesamtes Lebenswerk hindurch verfolgbar, hat den Anlaß dazu gegeben, daß die Nachfolger der im *Atta Troll* gekennzeichneten Typen, die

---

56 Cf. *Lutetia. Werke,* VI, 299.
57 *Atta Troll* (1. Fassung), Kaput XXIII. *Werke,* II, 169, Anmerkung 1.

Nationalisten und Spießbürger von heute, die Radikalphraseure und ihre politischen Hinterleute, Heine zu einem »destruktiven« Poeten ernannt haben. Wie unheimlich aktuell dieses Lächeln noch heute ist, wie es heute noch trifft, beweist nicht nur Bartels,[58] beweisen vor allem jene sich getroffen Fühlenden, die Heine verbrannt und aus den Bibliotheken entfernt haben – und das knapp hundert Jahre, nachdem Heine über sie gelächelt hat.

Meißner erkennt sehr wohl, daß dieses Lächeln nicht nur destruktiv ist. Er sieht etwas Notwendiges und Förderndes im Destruktiven.

Heine begleitete diese letzten Worte [es handelt sich um ein Gespräch über den französischen Revolutionär Proudhon] mit seinem eigentümlichen Lächeln. Es war aber nicht das Lächeln, das seinen schönen Knabenkopf in Gesellschaft guter Freunde oder beim Erzählen eines witzigen Einfalls zu überstrahlen pflegte. Es war sein destruktives Lächeln, dasselbe, das im Wintermärchen, im Atta Troll und in seinen politischen Gedichten in Worte gekleidet scheint.[59] Auf das Papier gezaubert hat dieses Lächeln die dämonische Gewalt, sich dem Leser mitzuteilen. Man liest und lächelt und das Schlimmste daran ist: dieses Lächeln ist nicht flüchtig. Es kommt wieder und wird, so graziös es auch anfangs war, nach und nach immer stärker, immer lauter, immer mutwilliger, immer wilder, endlich wird es ein Ausbruch rebellischen Hohns. Artet es bis zu dieser Höhe aus, dann wirft es den Fürstendiener auf die Oppositionsbank, macht den orthodoxen Pfarrer zum Ketzer, den Billardspieler zum Verschwörer und den bestgesinnten Philister zum Freiheitsschwärmer.
Dieses Lächeln hat für die Bewegung der letzten Jahre viel getan ...[60]

Was Meißner hier beschreibt, ist genau der Zweck, den Heine mit seiner Waffe, dem Lächeln, erreichen will.

Benedetto Croce mißversteht dieses Lächeln Heines, wenn er es

---

[58] Adolf Bartels, der in seiner *Geschichte der deutschen Literatur* und besonders in seinem *Heinrich Heine, auch ein Denkmal* (Dresden/Leipzig, 1906) Heine mehr pamphletistisch als wissenschaftlich angreift und sich so weit versteigt, ihn (S. 83) »dieser Lump Heine« zu nennen.

[59] Man beachte, wie Meißner hier sehr richtig das *Wintermärchen, Atta Troll* und die politischen Gedichte in eine Reihe stellt, im Gegensatz zu etwa Brod, der im *Atta Troll* den antitendenziösen, entgegengesetzten »Pendelschlag« zum *Wintermärchen* erblickt. (Cf. das Kapitel »Heine und der Radikalismus«.)

[60] Alfred Meißner, *Heinrich Heine, Erinnerungen* (New York, 1856), S. 30f.

zu erklären versucht mit: »He was really enjoying himself rather than hating.« Zugestanden, daß Heine eitel genug war, die funkelnde Waffe, die er besaß, spiegeln zu lassen. Es mag ihm Vergnügen bereitet haben, seine Gegner lächelnd, mit ein paar Seiten seiner geschickten Feder, zu erledigen. Auf die Dauer jedoch wurde die Haßwelle, die er erregte, wurde die Gruppe der Feinde so groß, daß ein Opportunist, ein Spaßmacher, seine Späße und sein Lächeln auf harmlosere Gegenstände konzentriert hätte. Darum geht Croce fehl, wenn er konstatiert:

> Since his love for the ideal was not profound, so his hatred for its negative aspect, the counter-ideal, was also lacking in profundity. This is evident from his frequent lapses into sentimentalism for the old world, and from his incapacity to refrain from pointing out the ridiculous side of men and things democratic. But the convincing proof of this lies in his mode of manifesting his aversion and raillery by means of descriptions so grotesque and happy thoughts so comical as to be a clear indication that he was really enjoying himself rather than hating.[61]

Gewiß hängt Heine mit vielen Sentiments an der alten Welt. Er ist ihr Abkömmling, und sein ganzes Leben lang streift er wie eine Schlange eine romantische Haut nach der andern ab – ohne seinen romantischen Grundcharakter ganz zu verlieren. Gewiß macht sich Heine über die Gleichheitsphraseologie der Demokraten lustig. Aber Heines Gründe für »pointing out the ridiculous side of men and things democratic« liegen doch viel tiefer. Wir werden darauf später eingehen.[62]

---

[61] Benedetto Croce, *op. cit.*, S. 193.
[62] Siehe das Kapitel »Heine und der Radikalismus« der vorliegenden Arbeit.

VII. Kapitel
Die Persönlichkeit Atta Troll

Obwohl Benedetto Croce, wie im vorigen Kapitel ausgeführt, unrecht hat, wenn er Heine echt gefühlten Haß und echte Liebe abspricht, so hat er doch teilweise recht, wenn er feststellt:

> He [Heine] pursues Atta Troll, the German philistine, but Atta Troll never rises to the level of a poetical personage, but remains always a jesting comparison. But to depict him as Heine does requires a soul sensible of the most varied emotions and a plastic imagination . . .[63]

Ich glaube nicht, daß die Kritik Croces in derart entschiedener Form aufrechterhalten werden kann; an sehr vielen Stellen erhebt sich Atta Troll sehr wohl zum Niveau dichterischer Wesentlichkeit (poetical personage). Man nehme zum Beispiel eine Stelle wie diese:

> Weich gestimmt liegt Atta Troll
> In der Höhle bei den Seinen.
> Ihn beschleicht, wie Todesahnung,
> Trübe Sehnsucht nach dem Jenseits!
>
> »Kinder!« – seufzt er, und es triefen
> Plötzlich seine großen Augen –
> »Kinder! meine Erdenwallfahrt
> Ist vollbracht, wir müssen scheiden.«[64]

und man wird bewundern müssen, wie Heine es in acht Zeilen verstanden hat, vor uns das Bild, die Persönlichkeit Atta Troll erstehen zu lassen. Ein unerhört großes, haariges, plumpes Wesen wird sentimental – es lebt vor unserm geistigen Auge. Und schließlich

---

[63] Benedetto Croce, *op. cit.,* S. 196.
[64] *Atta Troll,* Kaput XXIII. *Werke,* II, 171.

bedeutet dichterische Wesentlichkeit ja nichts anderes, als daß ein erdachter, erdichteter Charakter in seiner Gänze vor unserm Geist lebendig wird.

Aber Heine hat diese Art der Schilderung nicht durchgeführt – tatsächlich gibt es einen oder mehrere Brüche im Atta Troll. Der Bruch, die Nicht-Durchführung der Charaktere, scheint ein typischer Zug der Romantik, der romantischen Ironie zu sein.[65] Hauptsächlich verantwortlich für den lückenhaften Aufbau der Charaktere ist die romantische Unbeständigkeit.[66] Dauernd wechselt der romantische Dichter, besonders der ironische Dichter, seinen Standpunkt. Eben spricht er noch aus einer erdichteten Kreatur, da stellt er sich schon außerhalb ihrer und spricht als der Dichter selber. Wir wollen, um diesen Zug im *Atta Troll* nachzuweisen, versuchen, durch Einfügung von Rollennamen den Standortwechsel aufzuzeigen.

Atta Troll: »Dieser Stein« – brummt Atta Troll –
»Ist der Altar, wo Druiden
In der Zeit des Aberglaubens
Menschenopfer abgeschlachtet.

O der schauderhaften Greuel!
Denk' ich dran, sträubt sich das Haar
Auf dem Rücken mir – zur Ehre
Gottes wurde Blut vergossen!

Heine: Jetzt sind freilich aufgeklärter
Diese Menschen, und sie töten
Nicht einander mehr aus Eifer
Für die himmlischen Interessen; –

Nein, nicht mehr der fromme Wahn,
Nicht die Schwärmerei, nicht Tollheit,
Sondern Eigennutz und Selbstsucht
Treibt sie jetzt zu Mord und Totschlag.

---

[65] Vergleiche das Kapitel »Die Romantik im *Atta Troll*« der vorliegenden Arbeit.

[66] Ähnliche Charakterzüge können in Tiecks *Gestiefelter Kater* oder in E. T. A. Hoffmanns *Kater Murr* gefunden werden.

Nach den Gütern dieser Erde
Greifen alle um die Wette,
Und das ist ein ew'ges Raufen,
Und ein Jeder stiehlt für sich!

Ja, das Erbe der Gesamtheit
Wird dem Einzelnen zur Beute,
Und von Rechten des Besitzes
Spricht er dann, von Eigentum!

Übergang: Eigentum! Recht des Besitzes!
O des Diebstahls! O der Lüge!
Solch Gemisch von List und Unsinn
Konnte nur der Mensch erfinden.

Atta Troll: Keine Eigentümer schuf
Die Natur, denn taschenlos,
Ohne Taschen in den Pelzen,
Kommen wir zur Welt, wir alle.

Keinem von uns allen wurden
Angeboren solche Säckchen
In dem äußern Leibesfelle,
Um den Diebstahl zu verbergen.«[67]

Die vier mit »Heine« bezeichneten Verse passen absolut nicht zu dem plumpen, philiströsen, patriotischen Charakter des Atta Troll. Die darin ausgedrückten Ideen gehören zum politischen Bekenntnis Heines. Wollte man Heine dafür tadeln, daß er aus Atta Troll keinen abgerundeten Bären-Charakter gemacht hat, so fände man hier ein Argument. Aber war es Heines Absicht, einen Bären zu kreieren?

Oder wollte er nicht vielmehr im Atta Troll nur ein Spielzeug haben, das er benutzen konnte gleichzeitig als Sprachrohr für sich selbst und als Sprachrohr für seine »Tendenz«-Gegner, und auch als Objekt seines Spottes?[68]

---

[67] *Atta Troll,* Kaput X. *Werke,* II, 130.
[68] Vgl. S. 38 der vorliegenden Arbeit, über die Zusammensetzung des Charakters Atta Troll.

Standpunktwechsel ist nicht das einzige Element, das eine geschlossene Form des Gedichtes und des Charakters des Atta Troll verhindert. Dazu kommt, daß absichtlich jede Illusion im Leser zerstört wird. Selbst wenn Heine nicht persönlich spricht, sondern andere sprechen läßt, tauchen doch nur zu oft seine eigenen, mehr oder weniger frechen Bemerkungen auf. Es ist ein intellektuelles Spiel. Es ist romantische Ironie, speziell Heinesch gefärbt. Um so belustigender ist es, zu beobachten, wie Heine selber mitunter aus seiner ironischen Rolle fällt und aus dem Spott ins Pathos gleitet, sich selbst enthüllend und ein weiteres Element der Verwirrung dem Gedicht zufügend.

Atta Troll:	»Kinder, hütet euch vor jenen Unbehaarten Mißgeschöpfen! Meine Töchter! Traut nur keinem Untier, welches Hosen trägt!«
Heine, ironisch:	Weiter will ich nicht berichten, Wie der Bär in seinem frechen Gleichheitsschwindel räsonnierte Auf das menschliche Geschlecht. Denn am Ende bin ich selber Auch ein Mensch, und wiederholen Will ich nimmer die Sottisen, Die am Ende sehr beleid'gend. Ja, ich bin ein Mensch, bin besser Als die andern Säugetiere; Die Intressen der Geburt Werd' ich nimmermehr verleugnen. Und im Kampf mit andern Bestien
Heine, pathetisch:	Werd' ich immer treulich kämpfen Für die Menschheit, für die heil'gen Angebornen Menschenrechte.[69]

[69] *Atta Troll,* Kaput V. *Werke,* II, 122.

Vom Erhabnen zum Lächerlichen ist nur ein Schritt – und umgekehrt gleichfalls. Aber diesen Schritt zu häufig zu tun, heißt mit den Emotionen des Lesers zu spielen. Es verwirrt und schafft den Bruch im Charakter des Atta Troll, den Benedetto Croce tadelt. Man könnte sich allerdings auch auf den Standpunkt stellen, daß es dem Dichter überlassen bleiben muß, ob er Charaktere oder ironische Spielzeuge zu schaffen wünscht. Das Recht zu Beidem hat er jedenfalls.

VIII. Kapitel
Die persönlichen Angriffe im Atta Troll

Die Angriffe, die Heine gegen literarische und literarisch-politische Gegner richtet, sind nicht rein persönlicher Natur. Es ist schwer, die Grenze zwischen persönlicher Antipathie und politischer Feindschaft in Heines schriftstellerischen Reaktionen zu finden. In den meisten Fällen überschneiden sich die Gefühle; Spottsucht, Haß, politische und weltanschauliche Feindschaft finden sich zusammen. Nur, wenn man die Dinge sehr äußerlich betrachtet, könnte man – zum Beispiel – sagen: Heines Angriffe gegen die »Schwabendichter« sind die Antwort auf eine persönliche Beleidigung.[70] In Wahrheit liegt aber ein viel tieferer Konflikt vor: Konträre Naturen stoßen aufeinander, der Kosmopolit trifft patriotische Beschränktheit, der Weltmann die hausbackene Gemütlichkeit, der der Welt zugewandte Schriftsteller, der Journalist, die in sich eingesponnene Selbstgenügsamkeit.

Atta Troll ist aber nicht nur Angriff, es ist auch Abwehr und Verteidigung. Aus seinen vielen Kämpfen ist Heine nicht ohne Wunden hervorgegangen, und die Wunden brennen noch. Er beklagt sich bitter:

> . . . Ach! die Wanzen
> Sind des Menschen schlimmste Feinde.
> Schlimmer als der Zorn von tausend
> Elefanten ist die Feindschaft
> Einer einz'gen kleinen Wanze,
> Die auf deinem Lager kriecht.

[70] Die schwäbische Dichterschule desertierte geschlossen aus dem *Musenalmanach* von Chamisso, weil der erste Jahrgang desselben (1837) mit dem von Tony Johannot gezeichneten Porträt Heines geschmückt werden sollte. Ja, Gustav Schwab zog sich sogar deshalb von der Redaktion, die er mit Chamisso zusammen bis dahin geleitet hatte, in einer feierlichen Erklärung zurück. (Siehe *Werke,* II, 443, Anmerkung 3.)

Mußt dich ruhig beißen lassen –
Das ist schlimm – noch schlimmer ist es,
Wenn du sie zerdrückst: der Mißduft
Quält dich dann die ganze Nacht.

Ja, das Schrecklichste auf Erden
Ist der Kampf mit Ungeziefer,
Dem Gestank als Waffe dient –
Das Duell mit einer Wanze![71]

Heines Polemiken forderten immer neue Polemiken heraus, seine Angriffe reizten zu immer erbitterterer Feindschaft. Heine war aber nicht unverwundbar. Sein starkes Selbstbewußtsein, seine übersprudelnde Spottsucht und Lebenskraft wirken oft so, als überdeckten sie ein Minderwertigkeitsgefühl, das bei dem eben emanzipierten Juden, bei dem Dichter, der eigentlich in keiner Schicht der Gesellschaft festen Fuß fassen konnte, kein Wunder ist. Heine resümiert seine Gefühle:

Lieben Freunde – sprach ich – Deutschland
Heißt das Land, wo ich geboren;
Bären gibt es dort in Menge,
Und ich wurde Bärenjäger.

Manchem zog ich dort das Fell
Über seine Bärenohren.
Wohl mitunter ward ich selber
Stark gezaust von Bärentatzen.

---

[71] *Atta Troll,* Kaput XI. *Werke,* II, 134. – Heine selbst ist nicht ganz unschuldig an dem »Gestank«. Heine liebte Skandale, und er hat sich, wenn er selber in einen verwickelt war, nicht immer korrekt verhalten. Die Angriffe auf die Homosexualität Platens und auf die Geliebte Börnes, Madame Wohl-Straus – Heine hatte sich mit dem Gatten der Dame zu duellieren – machen diesen Charakterzug deutlich. Heines Freund Levin Schücking sagt:

Es trat dabei eine mir unerklärliche Schwäche in dem großen Dichter hervor – das rätselhafte Gewicht, welches er darauf legte, von sich gesprochen, in den Blättern seinen Namen gedruckt, von sich ›notizelt‹ zu sehen . . .

(Zitiert nach H. H. Houben, *Gespräche mit Heine,* S. 503. – Vergleiche auch die Äußerung Edouard Greniers auf S. 24 f. der vorliegenden Arbeit.)

Doch mit schlechtgeleckten Tölpeln
Täglich mich herumzubalgen
In der teuren Heimat, dessen
Ward ich endlich überdrüssig.[72]

Die Sticheleien gegen Freiligrath sind am harmlosesten. In der »Vorrede« betont Heine selbst, daß die Parodie des Freiligrathschen »Mohrenfürsten«, »welche aus dem *Atta Troll* manchmal mutwillig hervorkichert, ... keineswegs eine Mißwürdigung des Dichters bezweckt«. Auch berichtet Levin Schücking von einem Gespräch mit Heine, wo dieser ihm versichert, »wie er Freiligrath eigentlich so lieb habe; aber – was sich liebt das neckt sich!«[73] Wenn man aber bedenkt, daß die Schwärmerei für das Exotische, in die Freiligrath damals verfallen war, den Beginn einer Literatur darstellt, die der geistige Ausdruck kolonialer Expansionslust ist, könnte man kombinieren, daß der Gegensatz zwischen Heine und Freiligrath doch wichtiger und grundsätzlicher ist, als Heine in seiner »Vorrede« wahrhaben will. Immerhin, Freiligrath gehörte auch zu den Mitarbeitern Karl Marxens,[74] und es mag Heine nicht angebracht geschienen haben, den Verbündeten allzu sehr bloßzustellen. Doch mochte Freiligrath sich gekränkt gefühlt haben, wenn er las:

(Atta Troll spricht:)

Giebt es nicht gelehrte Hunde?
Und auch Pferde, welche rechnen
Wie Kommerzienräte? Trommeln
Nicht die Hasen ganz vorzüglich?

Hat sich nicht in Hydrostatik
Mancher Biber ausgezeichnet?
Und verdankt man nicht den Störchen
Die Erfindung der Klistiere?

---

[72] *Atta Troll,* Kaput XIV. *Werke,* II, 140.
[73] H. H. Houben, *op. cit.,* S. 505.
[74] In der *Rheinischen Zeitung.*

Schreiben Esel nicht Kritiken?
Spielen Affen nicht Komödie?
Giebt es eine größre Mimin
Als Batavia, die Meerkatz?

Singen nicht die Nachtigallen?
Ist der Freiligrath kein Dichter?
Wer besäng den Löwen besser
Als sein Landsmann, das Kamel?[75]

Schon die nächstfolgende Strophe hackt auf einen anderen los.

In der Tanzkunst hab ich selber
Es so weit gebracht wie Raumer[76]
In der Schreibkunst – schreibt er besser
Als ich tanze, ich der Bär?

Wieder ein anderer, der wenig freundlich behandelt wird, ist der Shakespeare-Kommentator Franz Horn. Heine läßt ihn in dem großen Gespensterzug vor der Hexe Uraka Fenster auf einem Esel mit vorbeireiten, neben Shakespeare – wie ein getreuer Sancho Pansa seines Herrn.

An der matten Betermiene,
An der frommen, weißen Schlafmütz,
An der Seelenangst erkenn' ich
Unsern alten Freund Franz Horn.[77]

---

[75] *Atta Troll,* Kaput V. *Werke,* II, 121.

[76] Der Historiker und Schriftsteller Friedrich v. Raumer (1781–1873) ist eine der im Leben Heines nicht so wichtigen Gestalten, die sich gelegentlicher Seitenhiebe Heines erfreuen dürfen. Er war, im Gegensatz zu seinem Neffen Carl von Raumer – den Heine »seinen lieben Zerstampfer« nannte (Cf. Houben, *op. cit.,* S. 854) – noch eines der liberalsten Mitglieder des Berliner Zensurkomités, von dem er später resignierte. Er war Professor der Staatswissenschaften in Breslau gewesen und von dort nach Berlin geholt worden. 1848 wurde er zum Mitglied der Nationalversammlung gewählt.

[77] Franz Horn (1781–1837) hielt seit 1809 Vorlesungen in Berlin, und zwar über Shakespeare und die deutsche Literaturgeschichte. 1823–31 erschienen von ihm *Shakespeares Schauspiele erläutert* in 5 Bänden.

. . . .

Werden nicht die alten Jungfern,
Die gehätschelt seine Ruhe,
Sich entsetzen, wenn sie hören,
Daß der Franz ein wilder Jäger?[78]

Franz Horn war nämlich auf seine alten Tage fromm geworden, was Heine, dem »Antinazarener«, zuwider war. Aus demselben gottlosen Grunde wird der orthodoxe Theologe Hengstenberg, der in seiner *Evangelischen Kirchenzeitung* Goethe angegriffen hatte, im Vorbeireiten mit erledigt, wenn Heine im Gespensterzug Goethe erkennt.

Denn, verdammt von Hengstenberg,[79]
Kann er nicht im Grabe ruhen
Und mit heidnischem Gelichter
Setzt er fort des Lebens Jagdlust.[80]

Es wäre ein Wunder, wenn nicht auch Maßmann,[81] das altbekannte Objekt Heinescher Spottsucht, Heines »rentabler Narr«,[82] mit durchgehechelt würde. Der jüngste der Söhne des Atta Troll, sein Lieblingskind,

---

[78] *Atta Troll,* Kaput XVIII. Werke, II, 149.
[79] E. W. Hengstenberg war in Bonn Mitglied der Burschenschaften gewesen. 1826 wurde er Theologieprofessor in Berlin. Er war einer der wichtigsten Vorkämpfer der neulutherischen Orthodoxie.
[80] *Atta Troll,* Kaput XVIII. *Werke,* II, 148.
[81] Hans Ferdinand Maßmann (1797–1874) studierte zuerst Theologie. 1815 wurde er freiwilliger Jäger. Nach dem Feldzug nahm er das Studium der Germanistik auf. Er war einer der Hauptanstifter der Bücherverbrennung auf dem Wartburgfest, das die »Demagogen«-Verfolgungen seitens der Metternich-Bürokratie einleitete. 1826 wurde er Lehrer der Turnkunst am königlichen Kadettenkorps in München. Zwei Jahre später übernahm er die Leitung der Turnanstalt für Münchener Schulen. Ein Jahr darauf berief man ihn als Professor der deutschen Sprache und Literatur an die Universität München. 1842 wird er als Organisator des Turnunterrichts nach Preußen geholt und erhält gleichzeitig eine außerordentliche Professur an der Berliner Universität.
[82] Cf. H. H. Houben, *op. cit.,* S. 663.

Ist ein genialer Jüngling,
Für Gymnastik sehr begabt,
Und er schlägt die Purzelbäume
Wie der Turnkunstmeister Maßmann.

Blüte autochthoner Bildung,
Liebt er nur die Muttersprache,
Lernte nimmer das Jargon
Des Hellenen und des Römlings.

Frisch und frei und fromm und fröhlich
Ist verhaßt ihm alle Seife,
Luxus des modernen Waschens,
Wie dem Turnkunstmeister Maßmann.[83]

Im Falle Maßmann läßt sich sehr schön beobachten, wie sich weltanschauliche und persönliche Gegensätze zusammenfinden, um den »Maßmannkomplex« des Dichters zu bilden. Maßmann hatte den Münchener Lehrstuhl bekommen, auf den Heine reflektiert hatte.[84] Er gehörte zu jener Gruppe von »Altdeutschen«, von denen Heine erzählt:

Im Bierkeller zu Göttingen mußte ich einst bewundern, mit welcher Gründlichkeit meine altdeutschen Freunde die Proskriptionslisten anfertigten für den Tag, wo sie zur Herrschaft gelangen würden. Wer nur im siebenten Glied von einem Franzosen, Juden oder Slaven abstammte, ward zum Exil verurteilt. Wer nur im mindesten etwas gegen Jahn oder überhaupt gegen altdeutsche Lächerlichkeiten geschrieben hatte, konnte sich auf den Tod gefaßt machen.[85]

Der weltanschauliche Kontrast zu Menschen wie Maßmann wird aus folgender Charakterisierung deutlich:

---

[83] *Atta Troll,* Kaput IV. *Werke,* II, 117.
[84] 1827, als Heine als Redakteur der Cottaschen *Politischen Annalen* in München lebte, freundete er sich mit dem bayrischen Minister von Schenk an, um mit seiner Hilfe die Professur zu erlangen.
[85] *Ludwig Börne. Werke,* VII, 320. – Jahn, durch seinen wallenden Bart und seinen Patriotismus berühmt, war der Autor eines deutschen Jugendertüchtigungsprogramms – der Erfinder des Turnens.

Trotz ihrer Unwissenheit hatten die sogenannten Altdeutschen von der deutschen Gelahrtheit einen gewissen Pedantismus geborgt, der ebenso widerwärtig wie lächerlich war. Mit welchem kleinseligen Auspünkteln und Silbenstechen diskutierten sie über die Kennzeichen deutscher Nationalität! Wo fängt der Germane an? Wo hört er auf? Darf ein Deutscher Tabak rauchen? Nein, behauptete die Mehrheit. Darf ein Deutscher Handschuhe tragen? Ja, jedoch von Büffelhaut. (Der schmutzige Maßmann wollte ganz sicher gehen und trug gar keine.) Aber Bier trinken darf ein Deutscher, und er soll es als echter Sohn Germaniens; denn Tacitus spricht ganz bestimmt von deutscher »Cerevisia«.[86]

Noch gefährlicher und bekämpfenswerter erschienen Heine die Altdeutschen, wenn sie sich ihres »weinerlich brutalen Jargons entledigten« und sich in die »Farben und Redensarten des Liberalismus vermummten«.[87]

Die schönste und boshafteste Sottise jedoch richtet Heine gegen eine den »Altdeutschen« verwandte Gattung von Schriftstellern, gegen die sogenannte »Schwabenschule«. Auch bei dieser Polemik spielt das persönliche Motiv eine, wenn auch untergeordnete, Rolle.[88]

In der Hütte der Hexe Uraka, der Mutter des Kaskaro, mit dem Heine ausgezogen war, den Atta Troll zu erlegen, trifft der Dichter einen Mops, der sich als verzauberter, sozusagen »vermopster« Schwabendichter enthüllt. Der Mops beginnt zu sprechen, und in der Art, wie er spricht, und durch das, was er sagt, karikiert Heine die Geisteshaltung jener ihm so philisterhaft erscheinenden Dichter.

O, ich armer Schwabendichter!
In der Fremde muß ich traurig
Als verwünschter Mops verschmachten
Und den Hexenkessel hüten![89]

---

[86] *Ludwig Börne. Werke,* VII, 320.
[87] Vgl. auch das Kapitel »Heine und der Radikalismus« der vorliegenden Arbeit.
[88] Cf. S. 46, Anm. 70 der vorliegenden Arbeit.
[89] Dieser Vers bezieht sich wohl auch auf ähnliche, gleichsam aus Versehen in die Pariser Emigration geratene Politiker und Schriftsteller, die nun den revolutionären »Hexenkessel« hüten müssen. – Cf. auch »Heine und der Radikalismus«.

Wär ich doch daheim geblieben,
Bei den trauten Schulgenossen!
Das sind keine Hexenmeister,
Sie bezaubern keinen Menschen.

Wär ich doch daheim geblieben
Bei Karl Mayer, bei den süßen
Gelbveiglein des Vaterlandes,
Bei den frommen Metzelsuppen.[90]

Ach, Herr Landsmann, welch ein Unglück,
Daß der Legationsrat Kölle,[91]
Wenn wir bei Tabak und Bier
In der Kneipe diskuierten,

Immer auf den Satz zurückkam,
Man erwürbe nur durch Reisen
Jene Bildung, die er selber
Aus der Fremde mitgebracht!

Um mir nun die rohe Kruste
Von den Beinen abzulaufen
und, wie Kölle, mir die feinern
Weltmannssitten anzuschleifen,

Nahm ich Abschied von der Heimat ...

Auf seiner Bildungsreise kommt der Schwabendichter nun zur Uraka,

Bracht ihr ein Empfehlungsschreiben
Von Justinus Kerner;[92] dachte

---

[90] Gelbveiglein und Metzelsuppen sind schwäbische Spezialgerichte; Karl Mayer dagegen einer der geistigen Führer der »Schwabenschule«.

[91] Kölle war ein Mitarbeiter des »Franzosenfressers« Wolfgang Menzel. Er hatte in Paris als Korrespondent gelebt, später wurde er Legationsrat in Stuttgart. In seinem Buch *Ludwig Börne* schreibt Heine über Kölle:

Der Diplomat Kölle ... ist der eingefleischteste Rassenmäkler, und sein drittes Wort ist immer germanische, romanische und semitische Rasse. (*Werke,* VII, 338)

[92] Über den Dichter Kerner schreibt Heine im *Schwabenspiegel*:

Nach Gustav Schwab kommt der Doktor Justinus Kerner, welcher Geister und vergiftete Blutwürste sieht, und einmal dem Publikum aufs ernsthafteste erzählt hat, daß ein Paar Schuhe, ganz allein, ohne menschliche Hilfe, langsam durchs Zimmer gegangen sind bis zum Bette der Seherin von Prevorst. (*Werke,* VIII, 202 f.)

Nicht daran, daß dieser Freund
In Verbindung steht mit Hexen . . .

Uraka aber bekommt ein grausiges Gelüst: Sie will den armen Schwabendichter verführen.

Doch ich flehte: Ach, entschuld'gen
Sie, Madame; bin kein frivoler
Goetheaner, ich gehöre
Zu der Dichterschule Schwabens.

Sittlichkeit ist unsre Muse,
Und sie trägt von dickstem Leder
Unterhosen – Ach! vergreifen
Sie sich nicht an meiner Tugend!

Andre Dichter haben Geist,
Andre Phantasie, und andre
Leidenschaft, jedoch die Tugend
Haben wir, die Schwabendichter.

Das ist unser einz'ges Gut! . . .[93]

Diese Art schwäbischer Tugend war Heine, der sich selbst als »Hellenen« bezeichnete, gründlich zuwider. Nicht nur instinktiv hatte er eine Abneigung dagegen, sondern er erkannte in dieser Tugendhaftigkeit auch die reaktionären, fortschrittsfeindlichen, gegenrevolutionären Tendenzen, die nun einmal in derart häuslichen Qualitäten liegen. Im *Schwabenspiegel* definiert Heine, wer denn nun eigentlich zur schwäbischen Schule zu zählen ist. Schiller, Hegel und Schelling, die ja auch Schwaben waren, sind es nicht – sie sind »europäische Renomméen«.

Nun kam ich endlich dahinter, von welcher bescheidenen Größe jene Berühmtheiten sind, die sich seitdem als schwäbische Schule aufgetan, in demselben Gedankenkreis herumhüpfen, sich mit denselben Gefühlen schmücken und auch Pfeifenquäste von derselben Farbe tragen.[94]

---

[93] Die zitierten Verse stammen aus *Atta Troll*, Kaput XXII. *Werke*, II, 163 ff.
[94] *Werke*, VIII, 202.

Außer den bereits erwähnten Schwab, Karl Mayer und Kerner gehören noch Uhland – den aber Heine rühmlich von seinen »Schulgenossen« unterscheidet – und vor allem Gustav Pfizer zur Schwabenschule. Über Pfizer hat schon Goethe gesagt:

> Wundersam ist es, wie sich die Herrlein einen gewissen sittig-religiös-poetischen Bettlermantel so geschickt umzuschlagen wissen, daß, wenn auch der Ellbogen herausguckt, man diesen Mangel für eine poetische Intention halten möchte.[95]

Pfizer hatte 1838 einen Verteidigungsartikel für Menzel geschrieben, nachdem Menzel von Heine als »Denunziant« gebrandmarkt worden war.[96] Heine bemerkt über diesen Artikel:

> Das einzig Neue und Eigentümliche, was ich in der oben erwähnten Abhandlung des Herrn Gustav Pfizer gefunden habe, war hier und da nicht bloß eine listige Verkehrung des Wortsinnes meiner Schriften, sondern sogar die Fälschung meiner Worte selbst.[97]

Pfizer wird also nicht gerade von Heine geliebt. Im Laufe der weiteren Unterhaltung mit dem Schwaben-Mops in der Hütte Urakas erfährt man, wie der Mops erlöst werden kann:

»Diese reine Jungfrau muß
In der Nacht von Sankt-Sylvester
Die Gedichte Gustav Pfizers
Lesen – ohne einzuschlafen!

Blieb sie wach bei der Lektüre,
Schloß sie nicht die keuschen Augen –
Dann bin ich entzaubert, menschlich
Atm' ich auf, ich bin entmopst!«

---

95 *Briefwechsel zwischen Goethe und Zelter* (Berlin, 1834), VI, 306. – Man beachte auch, daß Goethe schon die Worte »sittig-religiös« ebenso gebraucht wie Heine sein »sittlich-religiös« im *Atta Troll.* (Cf. das Kapitel »Heine und die bürgerliche Moral« der vorliegenden Arbeit.) Goethe und Heine bezeichnen damit dieselbe heuchlerische Tugendhaftigkeit und Frömmigkeit.

96 Gustav Pfizer, »Heines Schriften und Tendenz«, *Deutsche Vierteljahresschrift,* Stuttgart; 1838, Heft 1, S. 166ff.

97 *Der Schwabenspiegel. Werke,* VIII, 209.

»Ach, in diesem Falle« – sprach ich –
»Kann ich selbst nicht unternehmen
Das Erlösungswerk; denn erstens
Bin ich keine reine Jungfrau,

Und imstande wär ich zweitens
Noch viel wen'ger, die Gedichte
Gustav Pfizers je zu lesen,
Ohne dabei einzuschlafen.«[98]

Das ist boshaft genug – und Pfizer war geschlagen.

Und doch kann man, wie gesagt, all diese persönlichen Angriffe nicht losgelöst von den politischen und allgemein literarischen Vorgängen der Zeit betrachten. Sicherlich bilden sie, neben den romantischen, die am stärksten persönlichen Partien im *Atta Troll*. Aber die Tatsache, daß fast alle Angegriffenen nicht nur im Leben Heines, sondern auch auf der politischen Bühne ihrer Zeit eine mehr oder minder große Rolle gespielt haben, beweist wieder die feste Verflechtung politischer und persönlicher Reaktionen in dem Dichter-Journalisten Heine – und bildet einen wichtigen Punkt in der folgenden Argumentation, daß der *Atta Troll* keineswegs untendenziös, unpolitisch, keineswegs ein Rückfall in die jenseitsgebundene Romantik ist.

[98] *Atta Troll,* Kaput XXII. *Werke,* II, 166.

IX. Kapitel
Die Tendenz im Atta Troll

Von der Äußerung Heines, daß nämlich der *Atta Troll* »das absichtliche Gegenteil aller Tendenzpoesie« sei,[99] gehen einige Irrtümer in der Beurteilung des *Atta Troll* aus, die ich bei Gelegenheit der Besprechung des Gedichtes zu korrigieren versuchen will. Karpeles, Brod und Marcuse nehmen Heines Äußerung wörtlich. Alle drei sehen im *Atta Troll* ein Zurück, ein letztes Sich-Verkriechen des Dichters in die Wälder der Romantik, einen »Pendelschlag«, wenn man den *Atta Troll* mit dem etwas späteren *Wintermärchen* vergleicht.

Karpeles schreibt:

> Der Sinn für das Schöne an sich, das alte gute Recht der Poesie, jeder Empfindung des Lebens Gestalt und Ausdruck zu geben, schien gefährdet, seitdem die Opposition »ihr Leder verkaufte« und Poesie werden wollte. Da galt es denn in der Tat, die alten unveräußerlichen Rechte der Poesie und des Kunstideals wahrzunehmen. In dieser Absicht schrieb Heine den »Atta Troll« als eine Satire gegen die Tendenz ...[100]

Und Brod äußert sich:

> Es wiederholt sich nun auf neuer Ebene Heines schicksalsmäßiger Pendelausschlag, »Atta Troll« zieht gegen die linken Doktrinäre, die Ten-

---

[99] Brief an Cotta vom 17. X. 1842. *Werke,* IX. 189.
[100] G. Karpeles, »Einleitung zum *Atta Troll*«. Heine, *Werke,* II, XIIf. – Wie weit Karpeles in der einmal gefaßten irrigen Meinung geht, ersieht man daraus, daß er, wahrscheinlich unabsichtlich, einen Satz aus Heines Vorrede zum *Atta Troll* in die einleitenden Ausführungen übernimmt – nur daß er den Satz verdreht. Heine schrieb nämlich: Damals galt es die unveräußerlichen Rechte des *Geistes* zu vertreten, zumal in der Poesie. (*Werke,* II, 107). Also die Rechte des Geistes – dem Ungeist gegenüber – galt es wahrzunehmen, und nicht die Rechte der »Poesie«.

denzbären, die Gleichmacher los . . . und das bald nachher geschriebene »Deutschland, ein Wintermärchen« verspottet die heimischen Rückschrittler, meldet sich wieder zu den Revolutionären.[101]

Brod bringt da die von Ludwig Marcuses *Heinrich Heine*[102] übernommene Theorie der periodischen Schwankungen bei Heine.

Nach dieser Theorie ist Heine in einem dauernden Schwanken zwischen revolutionären (intellektuellen) und romantischen (instinktiven) Extremen begriffen. Als Beispiel für diese »Pendel«-Theorie wird eben der *Atta Troll* als romantisch-poetisches und das *Wintermärchen* als revolutionär-polemisches Extrem angeführt.

Ich kann diese Theorie nicht akzeptieren. Ich glaube vielmehr, und werde das im weiteren Verlauf der Arbeit fundieren, daß *Atta Troll* nicht der Gegenpol zum *Wintermärchen* ist, sondern eine Station in der geradlinigen politischen Entwicklung des Dichters und Journalisten Heine.

Aber ist denn der *Atta Troll* nicht antitendenziös?

Gewiß, Heine schrieb das kleine Epos gegen die Tendenzpoesie. Was verstand aber Heine unter Tendenz und Tendenzpoesie?

Die allgemein benutzte Definition für Tendenzdichtung lautet: »Tendenzdichtung hat als Hauptzweck nicht künstlerische Wirkung, sondern die Werbung für philosophische, religiöse, sittliche, soziale oder politische Ansichten.«[103]

Doch Heine verstand unter »Tendenzpoesie« etwas ganz ande-

---

[101] Max Brod, *Heinrich Heine* (Leipzig/Wien, 1934), S. 429.

[102] Berlin, 1932.

[103] Merker und Stammler, *Reallexikon der deutschen Literaturgeschichte* (Berlin, 1928/29), III, 346f. – Dort findet sich auch der bemerkenswerte Satz:

> Man ist außerdem leicht geneigt, im Verfechter entgegengesetzter Meinung einen Tendenzschriftsteller zu erblicken, während man einen ähnlich arbeitenden Verfechter der eigenen Idee als reinen Künstler zu betrachten gewillt ist.

Natürlich erfaßt auch die Definition des *Reallexikons* den Begriff der »Tendenzdichtung« nicht ganz in seiner Komplexheit.

res. Eine Wandlung des Begriffes »Tendenz« und des Terminus technicus »Tendenzpoesie« hat stattgefunden.[104]

Wenn man die soeben zitierte Definition der Tendenz, die heutige Definition, zu Grunde legt, ist *Atta Troll* alles andere als untendenziös – im Gegenteil, selten wurde eine Dichtung geschrieben, die so von Tendenz strotzte. Wenn sich also Heine mit einem derart tendenziösen Gedicht gegen die »Tendenzdichtung« wendet, muß man folgern, daß er seinen *Atta Troll* als untendenziös betrachtete, und daß daher seine Definition von Tendenz von der unseren grundverschieden gewesen sein muß.

---

[104] In einer solchen Wandlung des Begriffes sind wir auch gerade heute begriffen. Langsam beginnt sich die Meinung durchzusetzen, daß es gar keine Dichtung gibt, die nicht in irgend einem Sinne Tendenzdichtung wäre. Und unter Tendenz selbst beginnt man die jedem Kunstwerk innewohnende Geisteshaltung zu verstehen.

In Heine selber muß eine Wandlung des Begriffes Tendenz stattgefunden haben. Im Nachlaß finden sich folgende *Atta Troll*-Strophen, die der Dichter weder in die 1. noch in die 2. Fassung aufnahm, die er also wahrscheinlich schon als nicht mehr richtig empfunden hat:

Traum der Sommernacht, phantastisch
Zwecklos ist mein Lied, ja zwecklos
Wie das Leben, wie die Liebe.
Keinem Zeitbedürfnis dient es.

Sucht darin nicht die Vertretung
Hoher Vaterlandsinteressen;
Diese wollen wir befördern,
Aber nur in guter Prosa.

Ja, in guter Prosa wollen
Wir das Joch der Knechtschaft brechen –
Doch in Versen, doch im Liede
Blüht uns längst die höchste Freiheit.

Hier im Reich der Poesie,
Hier bedarf es keiner Kämpfe,
Laßt uns hier den Thyrsus schwingen
Und das Haupt mit Rosen kränzen.

(*Werke,* II, 115, Anm.)

Hier unterscheidet Heine also noch zwischen Prosa, die politisch sein darf, und Poesie, die es nicht sein soll. Er hat diese Unterscheidung nicht eingehalten in seinem späteren Schaffen.

Heine bestimmt im *Atta Troll* recht genau, was er unter »Tendenz« verstanden haben will. Die im König Ludwigschen »Lapidarstil« verfaßte Grabschrift für Atta Troll ist klar und deutlich genug.

Auferstehn wird er im Liede,
Und sein Ruhm wird kolossal
Auf vierfüßigen Trochäen
Über diese Erde stelzen.

Der ****** setzt ihm
In Walhalla einst ein Denkmal,
Und darauf, im ******
Lapidarstil, auch die Inschrift:

»Atta Troll, Tendenzbär; sittlich
Religiös; als Gatte brünstig;
Durch Verführtsein von dem Zeitgeist
Waldursprünglich Sanskülotte;

Sehr schlecht tanzend, doch Gesinnung
Tragend in der zott'gen Hochbrust;
Manchmal auch gestunken habend;
Kein Talent, doch ein Charakter!«[105,106]

---

[105] *Atta Troll,* Kaput XXIV. *Werke,* II, 174. – Die Auslassungen sind Vorsichtsmaßregeln Heines der Zensur gegenüber. Er parodiert hier den »Dichterkönig« der Bayern, Ludwig I., der gern Partizipialkonstruktionen benutzte. Ludwig I. ist der Erbauer der Walhalla bei Regensburg.

[106] Der Vorwurf, er sei ein Talent, doch kein Charakter, ist Heine oft, besonders von Seiten Börnes und dessen Freunden gemacht worden. (Cf. auch Gerard Ras, *Börne und Heine als politische Schriftsteller,* Diss. Amsterdam [Groningen, Den Haag, 1926], S. 49 ff.) Heine wehrt diesen Vorwurf nicht nur im *Atta Troll,* wo er ihn mit »Kein Talent, doch ein Charakter« zurückgibt, sondern vor allem in seinem Buch *Ludwig Börne* von sich ab. Er sagt:

Was versteht man unter dem Wort »Charakter«?

Charakter hat derjenige, der in den bestimmten Kreisen einer bestimmten Lebensanschauung lebt und waltet, sich gleichsam mit derselben identifiziert und nie in Widerspruch gerät mit seinem Denken und Fühlen. Bei ganz ausgezeichneten, über ihr Zeitalter hinausragenden Geistern kann daher die Menge nie wissen, ob sie Charakter haben oder nicht, denn die große Menge hat nicht Weitblick genug, um die Kreise zu überschauen, innerhalb derselben sich jene hohen Geister bewegen. Ja, indem die Menge nicht die Grenzen des Wollens und Dürfens jener hohen Geister kennt, kann es ihr leicht begegnen, in den Handlungen derselben weder Befugnis noch Notwendigkeit zu sehen, und die geistig Blöd- und Kurzsichtigen klagen dann über Willkür, Inkonsequenz, Charakterlosigkeit. Minder begabte Menschen, deren oberflächlichere und engere Weltanschauung leichter ergründet und erschaut wird, und die gleichsam ihr Lebensprogramm in populärer Sprache ein für allemal auf öffentlichem Markte proklamiert haben, diese kann das verehrenswürdige Publikum immer im Zusammenhang begreifen, es besitzt einen Maßstab für jede ihrer Handlungen, es freut sich über seine eigene Intelligenz, wie bei einer aufgelösten Charade, und jubelt: Seht, das ist ein Charakter! (*Werke,* VII, 359.)

Heine nimmt sich also nicht das Recht, charakterlos zu sein. Er behauptet nur, daß da, wo man ihn für charakterlos gehalten hat, ein Mißverständnis vorliegt. Tatsächlich ist Heine oft und oft mißverstanden worden. Immer wieder versucht er, sich zu erklären. Und man kann annehmen, daß viele Stellen in seinen Werken, die der Selbstbeleuchtung dienen und die Anlaß zum Vorwurf der Eitelkeit gegeben haben, großenteils aus dem Motiv, sich verständlich machen zu wollen, entstanden sind. Und doch findet man immer wieder die Verzweiflung, die sich des Dichters bemächtigt, weil es ihm nicht ganz gelingt, seine Ziele klarzumachen. Ludwig Kalisch, ein Freund Heines, überliefert uns ein Gespräch, das er im Jahre 1850 mit dem Dichter hatte.

»Sie haben vollkommen recht«, sagte ich [Kalisch], »der Talentlosigkeit zu spotten, die mit stolzen Phrasen um sich wirft; aber Sie haben doch mit Ihrer Satire im *Atta Troll* ein großes Unheil angerichtet. Früher nämlich meinten die talentlosen Schriftsteller, der Charakter ersetze das Talent; jetzt aber meinen die charakterlosen Schriftsteller, sie seien große Talente, bloß weil sie charakterlos sind.

Besonders ist das Publikum berechtigt, Charakterfestigkeit von denjenigen Schriftstellern zu verlangen, die sich im Kampfe für die Ideen des Fortschritts die ersten Sporen verdient haben. Das Volk trägt freudig sein Herz dem Schriftsteller entgegen, in welchem es den Ausdruck seiner Ansichten, seiner Hoffnungen findet; aber es entzieht ihm die Liebe, sobald es merkt, daß er den Lorbeerkranz um jeden Preis erhaschen will.«

Heine spürte natürlich den halb verborgenen Vorwurf in den Worten des Freundes, aber um 1850 war er wohl schon zu abgekämpft, um die Argumente aus dem *Börne*-Buch wieder heranzuziehen. Auch seine Ausführungen im *Schwabenspiegel* hält er Kalisch nicht entgegen:

... ach! Wenn man bedächte, wie die Strategie eines Autors, der für die Sache der europäischen Freiheit kämpft, wunderlich verwickelt ist, wie seine Taktik allen möglichen Veränderungen unterworfen, wie er heute etwas als äußerst wichtig verfechten muß, was ihm morgen ganz gleichgültig sein kann, wie er heute diesen Punkt, morgen einen andern zu beschützen oder anzugreifen hat, je nachdem es die Stellung der Gegenpartei, die wechselnden Allianzen, die Siege oder Niederlagen des Tages erfordern! (Cf. *Werke,* VIII, 208 ff.)

Er antwortete nur kurz und mißgestimmt:

»Das Volk selbst ist charakterlos«, sagte Heine, »und es bekränzt die Dummheit ebenso leicht wie das Genie, ja noch leichter. Ich weiß etwas davon zu erzählen ...« (Houben, *op. cit.,* S. 670 f.)

Der Vorwurf der Charakterlosigkeit trifft Heine nicht. Er gehörte zu jenen »sehr impressionalen Menschen, in denen eine absolut strenge Gesetzlichkeit der Weltanschauung herrscht«. (Cf. Marcuse, *op. cit.,* S. 232.) – Zu »strenge Gesetzlichkeit der Weltanschauung« vgl. auch die Ausführung über die Vorrede zur *Lutetia* im Kapitel »Heine und der Kommunismus« der vorliegenden Arbeit.)

Wenn schon in der Grabschrift auf Atta Troll von Heine deutlich bestimmt wurde, was er unter Tendenz versteht – nämlich etwas im Grunde Reaktionäres – so wird dieser Gedanke in der Vorrede des Dichters zum Atta Troll noch ausführlicher erläutert:

Ich habe mit besonderer Absicht angedeutet, in welcher Periode der »Atta Troll« entstanden ist. Damals blühte die *sogenannte* politische Dichtung. Die Opposition, wie Ruge[107] sagt, verkaufte ihr Leder und ward Poesie. Die Musen bekamen die strenge Weisung, sich hinfüro nicht mehr müßig und leichtfertig herumzutreiben, sondern in *vaterländische* Dienste zu treten, etwa als *Marketenderinnen* der Freiheit oder als Wäscherinnen der *christlich-germanischen Nationalität.*[108] [Meine Hervorhebungen, d. A.]

Hier haben wir also, was Heine unter »Tendenz« versteht: Eine ganz bestimmte, nämlich die »vaterländische«, »christlich-germanische« Tendenz. In zwei Briefen an Campe finden wir denselben Gedankengang. Diese Briefe betreffen das *Wintermärchen,* und selbst bei diesem tendenziösesten Gedicht, das heute von allen Seiten als tendenziös anerkannt ist, entdeckt man, daß Heine es *nicht* als tendenziös bezeichnet, sondern sein Werk vielmehr in Gegensatz zur »Tendenzdichtung« setzt. Im Brief vom 20. Februar 1844 schreibt er:

Meine Gedichte, die neuen [es handelt sich um das *Wintermärchen*], sind ein ganz neues Genre, versifizierte Reisebilder, und werden eine *höhere Politik* atmen, als die bekannten politischen Stänkerreime.

Und am 17. April desselben Jahres:

Es [das *Wintermärchen*] ist ein gereimtes Gedicht, welches die ganze Gärung unserer deutschen Gegenwart in der kecksten, persönlichsten

---

107 Ruge war ein Mitarbeiter von Karl Marx. Man beachte den Einfluß, den dieser Kreis auf Heine ausübte zu einer Zeit, wo der Dichter »antitendenziös« schreibt. So stark ist dieser Einfluß, daß Heine in der Vorrede zu seinem angeblich »antitendenziösen« *Atta Troll* einen der exilierten Revolutionäre zitiert!
108 *Werke,* II, 106.

Weise ausspricht. Es ist *politisch-romantisch* und wird der *prosaisch-bombastischen Tendenzpoesie* hoffentlich den Todesstoß geben.[109]

Ein Gedicht, das »die ganze Gärung unserer deutschen Gegenwart in der kecksten, persönlichsten Weise ausspricht«, würde heute unbedingt als tendenziös bezeichnet werden müssen. Und Heine nennt es das »Gegenteil der prosaisch-bombastischen Tendenzpoesie«! Ja, wir finden bei ihm sogar den Gedanken, daß Tendenzpoesie nichts anderes ist als plumpe Gelegenheitsdichtung.

Es war ein schlechtes Jahr, und wäre ich ein Tendenzpoet, ich würde mit meinen mißtönend poltrigsten Versen dem scheidenden Jahre ein Charivari bringen.[110]

Wenn wir also, wie hier getan, in Betracht ziehen, was Heine selbst unter »Tendenzpoesie« verstand, dann fällt das reizvolle Gebäude der Marcuse-Brodschen »Pendel«-Theorie zusammen. Und auch Karpeles irrt. Dann ist der an sich hochpolitische *Atta Troll* nicht gegen politische Dichtung, gegen das, was wir heute unter Tendenz verstehen, sondern gegen eine ganz bestimmte, reaktionäre Tendenzdichtung geschrieben. Wenn ich in den nächsten Kapiteln im einzelnen bespreche, was und wen und welche Gruppierungen Heine im *Atta Troll* bekämpfte, wird man diese bestimmte, von Heine gehaßte Tendenz und ihre Dichtung noch deutlicher sehen.

Das Mißverständnis der erwähnten Literaturhistoriker wird verzeihlicher, wenn man feststellt, daß der *Atta Troll* auch schon bei seinem Erscheinen in breiten Kreisen, vornehmlich in den Kreisen des bürgerlichen Liberalismus, mißverstanden worden ist. Verrat! wurde geschrien. Und in der vier Jahre nach dem Erstdruck geschriebenen Vorrede muß Heine wieder erklärend das Wort ergreifen:

---

[109] *Werke,* IX, 227 und 229.
[110] *Lutetia. Werke,* VI, 371.

. . . du lügst, Brutus, du lügst, Cassius, und auch du lügst, Asinius, wenn ihr behauptet, mein Spott träfe jene Ideen, die eine kostbare Errungenschaft der Menschheit sind, und für die ich selber so viel gestritten und gelitten habe. Nein, eben weil dem Dichter jene Ideen in herrlichster Klarheit und Größe beständig vorschweben, ergreift ihn desto unwiderstehlicher die Lachlust, wenn er sieht, wie roh, plump und täppisch von der beschränkten Zeitgenossenschaft jene Ideen aufgefaßt werden. Er scherzt dann gleichsam über ihre temporelle Bärenhaut. Es gibt Spiegel, welche so verschoben geschliffen sind, daß selbst ein Apollo sich darin als Karikatur abspiegeln muß und uns zum Lachen reizt. Wir lachen aber alsdann nur über das Zerrbild, nicht über den Gott.[111]

[111] Vorrede zum *Atta Troll. Werke,* II, 108.

X. Kapitel
Heine und der Radikalismus

Im vorigen Kapitel bin ich schon teilweise auf die Mißverständnisse eingegangen, denen der *Atta Troll* in der literaturgeschichtlichen Betrachtung ausgesetzt war. Ich sagte, daß diese Mißverständnisse um den falsch aufgefaßten Begriff der »Tendenz« entstanden sind. Eng damit zusammen hängt die Frage des Radikalismus der 30er und 40er Jahre des 19. Jahrhunderts. *Atta Troll* ist gegen die Dichtung dieses Radikalismus, gegen die »Tendenzpoesie« geschrieben worden. Daraus wurde gefolgert, daß *Atta Troll* sich gegen den Fortschritt, gegen die »Ideale der Menschheit« wende, daß es ein reaktionäres Gedicht sei.[112] Ich halte eine Betrachtungsweise, die »radikal« mechanisch gleich »fortschrittlich« setzt, für oberflächlich.

Wenn ich, wie ich tun zu können glaube, nachweise, daß jener Radikalismus keineswegs durchaus fortschrittlich war, sondern sehr starke reaktionäre Tendenzen in sich trug, so ergibt sich ein vollkommen neues Bild. Dann ist nämlich *Atta Troll* nicht mehr ein Schlag gegen die »linken Doktrinäre«[113], sondern gegen Doktrinäre an sich, die Ansichten vertraten, welche Heine aus noch zu untersuchenden Gründen verhaßt waren. War vielleicht der Radikalismus Heines nicht radikal, nicht fortschrittlich genug?

Zunächst wollen wir die Entstehung des von Heine bekämpften Radikalismus betrachten. Die Bewegung erwuchs aus der Opposi-

---

[112] Brod konstruiert sogar aus dem scheinbaren Gegensatz zwischen *Atta Troll* und dem *Wintermärchen* – die bereits erwähnte Pendeltheorie benutzend – eine politische Mittellinie im Denken Heines, die »gerechte Mitte«. Er sagt:

Heine »hat immer und konsequent seine Linie des konstitutionellen Monarchismus gehalten, die für ihn die einzig richtige Mitte bedeutete.« (Brod, *op. cit.*, S. 388)

[113] Cf. Brod, *op. cit.*, S. 429, sowie S. 57f. der vorliegenden Arbeit.

tion gegen die erzreaktionären Monarchien der Karlsbader Beschlüsse, gegen die »Heilige Allianz« des Staatskanzlers Metternich. Diese Monarchien – und besonders die preußische Friedrich Wilhelms III. und IV. – waren keineswegs patriotisch, sondern sonderstaatlich gesinnt. Die preußische Monarchie besonders war aristokratisch, großagrarisch, und in der Tendenz antiindustriell, antibourgeois. Und das, obwohl sie 1813 nur mit Hilfe des Bürgertums, des *tièrs état,* gerettet worden war. Sogar der König hatte damals, wenn auch widerwillig, ausgiebig von jenem patriotischen Vokabularium Gebrauch gemacht, das, nachdem sich die alten Herrschaftsverhältnisse nach 1815 wieder konsolidiert hatten, in Bann getan wurde. Das Bürgertum war nicht stark genug gewesen – weil es ökonomisch bei weitem nicht so entwickelt war wie etwa in Frankreich – die Einhaltung der liberalen Versprechungen (Konstitution etc.) zu erzwingen, die ihm von der reaktionären Monarchie gemacht worden waren. Die Jugend und die lebhaftesten Köpfe des Bürgertums wurden oppositionell, radikal. Aber von Beginn an war die Opposition eine höchst gemischte Gesellschaft. Da waren Liberale, die Press- und Redefreiheit forderten. Da waren Idealisten der vaterländischen Einheit, Sozialreformer und Kompromißler, monarchisch gesinnt waren die meisten, und da waren auch die »Teutomanen«, wie sie Heine nennt, mit ihren Verbündeten, den vollbrüstigen und vollbärtigen, gewollt kulturlosen Turnern wie Jahn und Maßmann, die nach der Wiederaufrichtung der alten Germanenherrlichkeit strebten. Die Studentenbewegung, die mit ihrem Idealismus Metternich und seine Bürokratie so erschreckte, war in Wirklichkeit ein lebendes Zeugnis des Durcheinanders der Geister. Bei dem Studentenfest auf dem Kreuzberg bei Bonn, dem Heine als junger Student beiwohnte,

---

[114] Cf. Aussage Heines im Protokoll des Bonner Universitätsgerichts vom 26. November 1819. (Houben, *op. cit.,* S. 18) – Über Blücher schrieb Heine in seinen *Geständnissen:* Welches köstliche Titelkupfer war jener Vater Blücher, diese alte Spielratte, dieser ordinäre Knaster, welcher einst einen Tagesbefehl erteilt hatte, worin er sich vermaß, wenn er den Kaiser [Napoleon] lebendig finge, denselben aushauen zu lassen. (*Werke,* VII, 433)

wurde ausgerechnet der alte Preußengeneral Blücher, der gewiß alles andere als ein revolutionärer Held war, mit begeisterten Hochs gefeiert.[114] Derselbe Menzel, den Heine später als »Denunziant« angriff, war damals das Haupt der Bonner Burschenschaft.

Alle diese höchst verschiedenartigen Männer waren sehr besorgt um das Vaterland, und jeder hatte im Grunde eine andere Vorstellung vom Vaterland. Die reaktionären Monarchien aber wollten das Wort Vaterland, das Wort Deutschland überhaupt vergessen haben. Und da die Freiheitskriege, das deutsche Pendant zum Bastille-Sturm, doch nicht so schnell und so gründlich vergessen werden konnten, und da immerhin halb Deutschland die bürgerlich-freiere Luft des Code Napoléon gewittert hatte, rief die Monarchie ihre Polizei und Zensur zu Hilfe und trieb die Opposition zurück in bescheidene Redaktionslöcher in Stuttgart und Frankfurt und Augsburg, hing den liberalen Universitätsprofessoren den Brotkorb etwas höher.

Ein Teil der Opposition ging nach Paris.

Diese Entwicklung kam Schritt für Schritt; Metternich war kein Mann der lauten Erlasse. Aber sie kam. Sie schnürte Patrioten, Liberalen, Konstitutionalisten, Sozialreformern, ganz allgemein den lebhafteren Geistern des Landes einfach die Luft ab.

Heine hatte zunächst selber im teutonisch-patriotischen Fahrwasser geschwommen. Das frühe politische Gedicht »Deutschland, ein Traum« (1822), in dem das germanische und mittelalterliche Deutschland als Ideal gepriesen wird, zeigt das.[115] Bei näherer Bekanntschaft mit den Teutomanen vergingen dem Dichter die Lust

---

115 Nur ein Spottbild auf die Ahnen
Ist das Volk im deutschen Kleid;
Denn die alten Röcke mahnen
Schmerzlich an die alte Zeit.

Wo die Sitte und die Tugend
Prunklos gingen Hand in Hand,
Wo mit Ehrfurchtscheu die Jugend
Vor dem Greisenalter stand;

und Begeisterung zu germanischen Bardenliedern.[116] Und später in Frankreich, wo er als Journalist die Gelegenheit hatte, eine Entwicklung zu beobachten, die in Preußen und Österreich unterbunden war – das Juste Milieu[117] – wo er das Bürgertum, das in Deutschland noch schlief, in voller Wachheit und Korruption sehen konnte, kamen ihm immer mehr Zweifel an den parlamentarischen Idealen[118] zumindest eines großen Teils der radikal-bürgerlichen, patriotischen Opposition.

Die Emigration in Paris bestand zwar aus denjenigen Männern der Opposition, die sich dem Kompromiß mit der Monarchie bisher verschlossen hatten, aber sie trug in sich die gleichen Elemente, widerspruchsvoll und unklar, die Heine im Kreise der Studenten zum ersten Male vereinigt angetroffen hatte.[119] Heine selbst hatte sich jedoch schon weiterentwickelt. Soziale und ökonomische Zusammenhänge waren ihm klargeworden. Die Berührung mit dem utopischen Sozialisten St.-Simon und seiner Schule hatte

---

Wo kein Jüngling seinem Mädchen
Modeseufzer vorgelügt;
Wo kein witziges Despötchen
Meineid in System gefügt;

Wo ein Handschlag mehr als Eide
Und Notarienakte war;
Wo ein Mann im Eisenkleide,
Und ein Herz im Manne war.
(*Werke,* I, 35)

[116] Cf. *Ludwig Börne; Werke,* VII, 320: Heines Erlebnis mit den »Altdeutschen«. (Auch S. 51 der vorliegenden Arbeit.)
[117] Siehe das Kapitel »Heine und das Juste Milieu«.
[118] Franz Mehring beschreibt diese Ideale wie folgt:
Das politische Ideal des Kleinbürgers, wie er in Baden, in der Pfalz, in Württemberg vorherrschte, war durch seine ökonomische Lage bestimmt. Er wollte unter Umständen die Republik, aber die Republik als sanftes Arkadien, die bäuerlich-bürgerliche Republik von geringem Umfange, ohne die großen Gegensätze des historischen und sozialen Lebens, ohne viel Reichtum und ohne viel Armut, lauter Mittelstand und Mittelmäßigkeit. (*Geschichte der deutschen Sozialdemokratie* [Stuttgart, 1897], I, 35)
[119] Cf. Mehrings Äußerung über Zusammensetzung und Zerfall der Burschenschaften. (F. M., *op. cit.,* S. 71)

befruchtend gewirkt. Gewiß war Heine noch immer nur ein bürgerlicher Intellektueller in Opposition zu dem reaktionären, veralteten Regime in Deutschland. Aber er stand nicht mehr mit ganzem Herzen auf der Position der bürgerlichen und kleinbürgerlichen Oppositionellen. Der Franzose Lichtenberger sieht richtig, wenn er über die bürgerliche Opposition schreibt:

> Diese fassen die Revolution vor allem als Umsturz der bestehenden politischen Verfassung auf, Heine als einen Umschwung der moralischen und sozialen Zustände. Sie sind Radikale und Republikaner; Heine hingegen neigt ... immer mehr zum Sozialismus.[120]

Als er den *Atta Troll* schrieb, war Heine schon ein sozialer Revolutionär. Was bedeutete ihm die Staatsform? Das war leerer Formelkram.

> Die Republik ist nichts weiter als ein Namenswechsel. Wie könnte sich diese korrupte, weichliche Gesellschaft so schnell verwandeln? Geld machen, Ämter haschen, vierspännig fahren, eine Theaterloge besitzen, aus einem Vergnügen ins andere jagen, war bisher ihr Ideal. Wo hätten diese Menschen ihren Vorrat an bürgerlichen Tugenden bisher so sorgfältig versteckt? ... Verzichten Sie auf die Republik, denn es gibt keine Republikaner![121]

---

[120] Henri Lichtenberger, *Heinrich Heine als Denker,* übers. von Friedrich von Oppeln-Bronikowski (Dresden, 1905), S. 202. –

Ich möchte Lichtenbergers Aussage durch Heines Bericht über einen politischen Zwischenfall ergänzen, der die Radikalen, wie sie waren, zur Genüge kennzeichnet:

Ich wage es kaum zu sagen, denn es klingt unglaublich, aber ich habe die Geschichte aus authentischer Quelle, nämlich von einem Manne [Jakob Venedey], der als wahrheitsliebender Republikaner bekannt und selber zu Hambach in dem Komitee saß, wo man über die anzufangende Revolution debattierte; er gestand mir nämlich im Vertrauen, als die Frage der Kompetenz zur Sprache gekommen, als man darüber stritt, ob die zu Hambach anwesenden Patrioten auch wirklich kompetent seien, im Namen von ganz Deutschland eine Revolution anzufangen? da seien diejenigen, welche zur raschen Tat rieten, durch die Mehrheit überstimmt worden, und die Entscheidung lautete: »man sei nicht kompetent.«

O Schilda, mein Vaterland! (*Ludwig Börne. Werke,* VII, 314)

[121] Alfred Meißner, *op. cit.,* S. 97 f.

So sagt Heine zu Meißner. Aber das bedeutet doch nicht, wie Brod[122] glaubt, daß Heine für die konstitutionelle Monarchie sein muß, weil er gegen die bürgerliche Republik ist! Nein, Heine will eine wirkliche und keine nur formale Revolution. Er hat noch kein Programm, und er ist ohne die Unterstützung einer Partei oder Gruppe, für die es sich damals (1842) schon zu kämpfen gelohnt hätte.[123]

Heine war in der tragischen Situation eines intellektuellen Revolutionärs ohne Bewegung, die ihn tragen könnte. Und darum hat, wie Börne sagt, der »arme Heine zwei Rücken«[124], er bekommt die Schläge von Aristokraten und Demokraten, von rechts und von gemäßigt links – nicht, weil er, wie Börne und Brod glauben, in der Mitte zwischen beiden, sondern weil er vor ihnen steht, um viele Schritte beiden Parteiungen voraus ist.

Die höchst gemischte Gruppe von mehr oder weniger gemäßigten radikalen Oppositionellen in Paris und Deutschland, von denen sich Heine immer mehr entfernte, konnte diese in die Zukunft weisende Stellung des Dichters nicht erkennen.[125] So kamen sie immer wieder zu ihm, um seine Unterstützung zu fordern. Wo er

---

[122] Cf. S. 65, Anm. 112 der vorliegenden Arbeit.

[123] Der alte Strodtmann, der jene Zeit selber noch erlebt hatte, erkennt Heines Stellung ganz klar, wenn er schreibt:

> Sollte er sich bescheiden, mit dem Trosse der Liberalen in Deutschland für eine parlamentarische Staatsverfassung zu agitieren, deren Wert ihm in Frankreich sehr zweifelhaft geworden war ...? (Adolf Strodtmann, *H. Heines Leben und Werke* [Berlin, 1867], II, 484)

[124] *Ludwig Börne. Werke,* VII, 365.

[125] Man findet diesen Gedankengang bei Heine selbst:

> Zugleich habe ich hier oben insinnuiert, inwiefern zwischen mir und jenen Revolutionären, die den französischen Jakobinismus auf deutsche Verhältnisse übertrugen, eine gewisse Verbindung stattfinden mußte ... Trotzdem, daß mich meine politischen Meinungen von ihnen schieden im Reiche des Gedankens, würde ich mich doch jederzeit denselben angeschlossen haben auf den Schlachtfeldern der Tat ... Wir hatten ja gemeinschaftliche Feinde und gemeinschaftliche Gefahren!
>
> Freilich, in ihrer trüben Befangenheit haben jene Revolutionäre nie die positiven Garantien dieser natürlichen Alliance begriffen. Auch war ich ihnen *so weit vorausgeschritten,* daß sie mich nicht mehr sahen, und in ihrer Kurzsichtigkeit glaubten sie, ich wäre zurückgeblieben. (*Ludwig Börne. Werke,* VII, 322)

sie aus taktischen Gründen geben zu können glaubte, gab er sie.[126] Aber mehr und mehr kam er in die Lage, wo er sich von den Radikalen abgrenzen mußte, nicht weil er weniger radikal gewesen wäre, sondern weil er *anders* und *mehr* radikal war als sie. Sich abgrenzen bedeutet aber bei Heine, dem Mann der Öffentlichkeit, dem Dichter und Journalisten, sich öffentlich abgrenzen, bedeutet Kritik üben.[127]

Und so kam es, daß einer nach dem andern von den früheren Bundesgenossen sich vor den Kopf gestoßen fühlte. Einige versuchten, die Lösung des Problems zu finden, das ihnen Heine war. Die Mehrzahl aber reagierte mit Haß und Vorwürfen. Verrat! schrien sie. Heine hat sich verkauft! sagten sie.[128]

Sie waren ungerecht, weil sie ihn nicht verstehen konnten, weil er ihnen zu weit voraus war, zu hoch über ihnen stand. Sie waren besonders ungerecht, weil ihre bedrängte Lage als Emigranten sie zur Ungerechtigkeit und Unobjektivität besonders verführte.

Nun ist ein publizistischer Kampf mit Heine immer erbittert und trägt kaum dazu bei, den Streitpunkt zu klären. Der Graben zwischen Heine und dem nationalistisch-demokratischen Radikalismus wird immer tiefer, immer unüberbrückbarer. *Atta Troll* ist eine Episode in diesem Kampf. Heine trifft den gesamten bürgerlichen Radikalismus in seinem »Bären«.

---

[126] Cf. S. 35, Anm. 50 der vorliegenden Arbeit.

[127] Vergleiche zum Beispiel das 1842 in der *Zeitung für die Elegante Welt* veröffentlichte Gedicht »Die Tendenz«, das *in nuce* die gleiche Kritik enthält, die im *Atta Troll* geübt wird. Ich zitiere hier die letzte Strophe:

Blase, schmettre, donnre täglich,
Bis der letzte Dränger flieht –
Singe nur in dieser Richtung,
Aber halte deine Dichtung
Nur so allgemein als möglich. (*Werke,* I, 365)

Die großen allgemeinen Worte, hinter denen sich nichts verbirgt, das war der national-demokratischen Radikalen große Schwäche – eine Schwäche, die Heine nur zu gut erkennt. (Cf. das Kapitel »Heines Haß gegen den Phrasenpatriotismus«.)

[128] Vgl. Börnes Pariser Brief vom 25. Februar 1833, von Heine in seinem Buch *Ludwig Börne* voll zitiert. (*Werke,* VII, 361 ff.)

Wie recht Heine in seiner Einschätzung der Radikalen hat, zeigt die weitere Entwicklung der Opposition. Mit dem allmählichen Erstarken des Bürgertums in Deutschland, dadurch, daß eine neue Schicht, der *tièrs état,* die industrielle und Handelsbourgeoisie, zur Hauptträgerin der ökonomischen Macht wird, ist die Monarchie, die bisher die Vertreterin der alten herrschenden Klassen Agrarbesitz und Militäradel war, gezwungen, nach und nach ihre Struktur und ihre Ideologie zu ändern. Aus der Hausmachtpolitik wird imperialistische Politik. Ohne tiefgehende Erschütterungen, wie sie Frankreich unter Robespierre und England unter Cromwell erlebt hatten, wird in Deutschland der Kompromiß zwischen der alten und der neuen Herrschaftsschicht geschlossen. In die neue, allmählich aufkommende Ideologie bürgerlich-imperialistischer Art passen die radikalen Patrioten und »Franzosenfresser« ausgezeichnet. Einer nach dem andern schließt seinen Frieden mit den herrschenden Mächten, ohne dabei eigentlich sich selber und seine Ideale zu verraten; denn so weit her war es mit den Idealen nicht.[129] Sie werden Hofräte und Ehrenbürger, und um 1870, wenn diese Entwicklung vollendet ist und vor Sedan die Ehe zwischen der alten preußischen Feudalmonarchie und dem neudeutschen, bürgerlich-patriotischen Imperialismus auch formell geschlossen wird, blasen sie alle in die gleiche militärische Trompete.

Wir sind der Geschichte vorausgeeilt. 1842, als Heine den *Atta Troll* schreibt, kann man nur die dem Rechtsradikalismus innewohnenden Tendenzen sehen. Da ist der Schrei nach der Flotte: Vorausnahme der wilhelminischen Politik; da ist die Wiederbelebung einer märchenhaft heldischen germanischen Vergangenheit:

---

[129] Cf. Mehring, *op. cit.,* S. 71:
Unter dem stärkeren Luftzuge der ökonomischen Entwicklung mußten sich die verschiedenen Strömungen (des Radikalismus) scheiden, aus denen die Burschenschaft zusammengeflossen war. Ja, die Mehrzahl der akademischen Rebellen schloß einen so gründlichen Frieden mit den herrschenden Gewalten, daß die preußischen Mandarinen, die nie vom Pfade des Rechts abgewichen waren, unter neidischem Schütteln ihrer Zöpfe das Witzchen erfanden: Niemand mache so schnelle Karriere wie ein bekehrter Demagoge.

aus der Romantik übernommen; und ein stumpfer Haß gegen die »Gallier«. Man darf nicht vergessen, daß es schon damals einem großen Teil der »Radikalen« um dieser verdienstvollen Propagandatätigkeit willen gestattet war, ruhig in Deutschland zu leben und zu schreiben.

Zwischen 1830 und 1840 – es begann mit Heines Enttäuschung über Ausgang und Effekt der Revolution von 1830 – hatte sich Heine immer mehr von dem national-demokratischen Radikalismus fort entwickelt. In derselben Zeit hatten sich die so widerspruchsvollen radikalen Elemente gegen den Dichter zusammengefunden.

Der *Atta Troll* entstand, wie gesagt, im Spätherbst 1841, zu einer Zeit, als die große Emeute, wo die *verschiedenfarbigsten* Feinde sich gegen mich zusammengerottet, noch nicht ganz ausgelärmt hatte. Es war eine sehr große Emeute, und ich hätte nie geglaubt, daß Deutschland so viele faule Äpfel hervorbringt, wie mir damals an den Kopf flogen . . . Die Zeit übernahm meine Rechtfertigung, und auch die respektiven deutschen Regierungen, ich muß es dankbar anerkennen, haben sich in dieser Beziehung um mich verdient gemacht. Die Verhaftsbefehle, die von der deutschen Grenze an auf jeder Station die Heimkehr des Dichters mit Sehnsucht erwarten, werden gehörig renoviert jedes Jahr . . . Die wackeren Kämpen für Licht und Wahrheit, die mich der Wankelmütigkeit und des Knechtssinns beschuldigten, *gehen unterdessen im Vaterlande sehr sicher umher,* als wohlbestallte Staatsdiener oder als Würdenträger einer Gilde, oder als Stammgäste eines Klubs, wo sie sich des Abends patriotisch erquicken am Rebensafte des Vaters Rhein und an meerumschlungenen schleswig-holsteinschen[130] Austern.[131] [Meine Hervorhebungen, d. A.]

---

[130] Anspielungen auf Nik. Beckers »Rheinlied« und Friedrich Chemnitz' »Schleswig-Holstein meerumschlungen«.

[131] Vorrede zum *Atta Troll. Werke,* II, 105 f. – Derselbe Gedanke, Heines Wissen und seine Erfahrungen um die Entwicklungstendenzen des Radikalismus, wird auch im *Atta Troll* selbst zum Ausdruck gebracht. Der Träger der Entwicklung ist der jüngste Sohn, der Stolz des Atta Troll. Die »wackeren Kämpen für Licht und Wahrheit« treten also unter folgender Maske im Gedicht auf:

> Später werde ich berichten,
> Wie der Jüngling treu geblieben
> Seinem Eid. *Er ging nach Deutschland*
> Und er wurde ein *Tendenzbär.*

In seinem Pamphlet gegen Menzel »Über den Denunzianten« schildert Heine den Typ des Radikalen, den er bekämpft, so klar, daß man nichts hinzuzufügen braucht.

... um für Volkstribunen zu gelten, müssen unsere Teutomanen manchmal ein freiheitliches Wort gegen die deutschen Regierungen riskieren, und in der frechen Zagheit ihres Herzens bilden sie sich ein, die Regierungen würden ihnen gern gelegentlich ein bißchen Demagogismus verzeihen, wenn sie dafür desto unablässiger den Franzosenhaß predigten.[132]

Und Lichtenberger, der vielleicht wegen seiner Distanz von Deutschland klarer sieht als Karpeles und Brod, faßt den Sinn des Bären Atta Troll und damit des von Heine bekämpften Demagogentums ganz unserer Auffassung gemäß.

Atta Troll ist der Gaukler, der republikanische Volkssänger, der seine Sprünge mit feierlichem Ernst vollführt und die Frivolität des menschlichen Tanzes geflissentlich verachtet, sich aber nichtsdestoweniger außerordentlich geschmeichelt fühlt, wenn er vor den menschlichen Zuschauern Beifall erntet. Er ist auch der Verfechter der Gleichheit ... Er ist schließlich der Deutschtümler ... ein guter Patriot ... tief religiös ...

Es ist klar, daß dieser gleichheitstolle, deutschtümelnde Tanzbär, der Züge von Freiligrath, Proudhon [sic!] und Maßmann trägt, etwas im Abstrakten steckenbleibt, und der Vorwurf ist nicht ungerechtfertigt,[133] daß

Zum Entsetzen aller Menschen
Und der Musen, ganz besonders,
Brummt er dort herum und wütet,
Droht, uns alle aufzufressen.

In dem großen Viehstall Gottes,
Den wir Erde nennen, findet
Jegliches Geschöpf die Krippe,
Und darin sein gutes Futter.
(*Werke,* II, 131, Anm. 2)

Die ersten zwei Strophen stammen aus der 1. Fassung, die dritte aus dem Nachlaß. Karpeles kombiniert wohl richtig, wenn er sie hier anschließt. So ergibt sich in Versen der Sinn der aus der »Vorrede« zitierten Stelle.

[132] *Werke,* VIII, 196.

[133] Cf. das Kapitel »Die Persönlichkeit Atta Troll« der vorliegenden Arbeit.

Heine ihm keinen konsequenten und einheitlichen Charakter geschaffen hat . . . so kann man . . . einwenden, daß der Typus des deutschen Republikaners, den er darin treffen wollte, selbst eigentümlich verwickelt war und manche widerspruchsvolle Züge aufwies.[134]

Tatsächlich ist die Gleichheit eine jener bürgerlich-revolutionären Forderungen, die im *Atta Troll* besonders ausführlich angegriffen werden. Es ist die radikale Forderung der »Egalité«, die von der jungen Bourgeoisie aufgestellt worden war, um sich selbst moralische Ellbogenfreiheit zu verschaffen. Heine läßt Atta Troll die Forderung in extremster Form erheben, um sie dadurch *ad absurdum* zu führen.

> Strenge Gleichheit! Jeder Esel
> Sei befugt zum höchsten Staatsamt,
> Und der Löwe soll dagegen
> Mit dem Sack zur Mühle traben.[135]

Aber was für eine Gleichheit ist das, über die Heine sich hier mokiert? Es ist die Egalité des Juste Milieu, das Heine selber erlebt hat, des Bürgertums Louis Philipps, des »Philippe Egalité«. In diesem Bürgerkönigtum herrschten die Söhne der Radikalen von 1789, die seinerzeit, vom besten Willen beseelt, »Egalité!« auf ihre Fahnen geschrieben hatten. Diese Egalité hatte zur Errichtung der Herrschaft Napoleons geführt, des Diktators Napoleon und des Napoléon d'or – zur Herrschaft der Finanzaristokratie. Der Journalist Heine hatte diese Entwicklung in Paris dauernd vor Augen, und er sah sie auch für Deutschland voraus. Sie gefiel ihm nicht. Er sah, was hinter den radikalen »Gleichheits«-Schreiern kommen würde.

Dazu kommt die aristokratische Grundhaltung des Künstlers, die ich als die Haltung der überlegenen Persönlichkeit bezeichnet habe. Er nannte sich selbst unter Menschenbrüdern den »großen

---

[134] Lichtenberger, *op. cit.*, S. 225 f.
[135] *Atta Troll*, Kaput VI. *Werke*, II, 123.

Bruder«, dem die »größere Portion« zustand.[136] Er hielt absolute Gleichheit für undurchführbar und sträubte sich gegen eine Bewegung, die diese kleinbürgerliche Forderung, die Forderung kleiner Seelen, auf ihrem Programm hatte.

Fassen wir zusammen: *Atta Troll* ist kein Schlag von »Rechts«, wie Brod und Karpeles denken, kein Abwehrgefecht eines Mannes, der seinen Frieden mit der Reaktion schließen möchte und sich nun mit einem Schlag gegen die früheren radikalen Verbündeten an seine neuen Freunde anbiedert. *Atta Troll* ist vielmehr ein Schlag von »Links«. Heine ist derjenige, der auf der Stufenleiter der revolutionären Entwicklung höher steht, als die national-demokratischen Radikalen, die »Demagogen«; er ist ein *ironischer Prophet.* Er konnte es sein, weil er, der Journalist und Dichter, politisch fortgeschrittener war als die Mehrzahl der Menschen seiner Umgebung.

---

[136] Cf. *Lutetia. Werke,* VI, 299, und S. 38 der vorliegenden Arbeit.

XI. Kapitel
Heine und das Juste Milieu

Den Einfluß, den das Erlebnis des Juste Milieu auf Heine hatte, habe ich bereits erwähnt.[137] Als Korrespondent der *Augsburger Allgemeinen Zeitung* mußte er sich ja dauernd damit journalistisch auseinandersetzen.

Während Heine am Anfang seines Aufenthalts in Paris das Bürgerkönigtum des Louis Philippe und die vom Bürgerkönigtum repräsentierte Schicht des »Wohlhabenden Mittelstandes«, das heißt der Bankiers, Industrieunternehmer usw. als fortschrittlich betrachtet, sieht er mit der Zeit immer mehr die Ungerechtigkeiten und sozialen Konflikte, die sich entwickeln.

Am Anfang findet man, daß er, zum Beispiel, den Bankier-Minister Perier[138], wenn auch mit kritischem Auge, als großen Mann bewundert. Er wünscht sich sogar in jenen Jahren (kurz nach 1830) für Deutschland eine konstitutionelle Monarchie gleich der französischen; denn dem eben dem deutschen Druck Entwichenen mußten die französischen Verhältnisse als Paradies erscheinen. Um wieviel toleranter war die französische Regierung, um wieviel liberaler als die deutschen Monarchien, die von den Interessen der Großgrundbesitzer und Militärs beherrscht waren![139]

Aber als Heine den *Atta Troll* schreibt, leiten ihn ganz andere Empfindungen. Der Journalist hat gesehen und gelernt und sich entwickelt. Die nackte, nüchterne Herrschaft des Geldes, die sich

---

[137] Cf. das Kapitel »Heine und der Radikalismus«, speziell die Ausführungen über »Egalité«, S. 75 f.

[138] Cf. *Französische Zustände. Werke,* VI, 63 ff.

[139] Über Heines Haltung zur konstitutionellen Monarchie vgl. auch S. 65, Anm. 112.

gern mit revolutionären Phrasen von 1789 aufputzt,[140] hat für ihn etwas Gespenstisch-Unsinniges.[141] Im *Atta Troll* wird das Juste Milieu symbolisch behandelt. Der Alte am Lac de Gobe prophezeit finster:

»So macht Einer« – sprach der Alte –
»Platz dem Andern auf der Erde.
Nach dem Untergang der Menschen
Kommt die Herrschaft an die Zwerge,

»An die winzig klugen Leutchen,
Die im Schoß der Berge hausen,
In des Reichtums goldnen Schachten,
Emsig klaubend, emsig sammelnd.

»Wie sie lauern aus den Löchern
Mit den pfiffig kleinen Köpfchen,
Sah ich selber oft im Mondschein,
Und mir graute vor der Zukunft!

»Vor der Geldmacht dieser Knirpse!« . . .[142]

Die hier zitierte Stelle, die ganz klar Heines Abscheu vor der materialistischen Herrschaft der »Geldmacht« ausdrückt, steht allerdings vollkommen in Widerspruch zu der Äußerung Marcuses, der behauptet:

Heine war der Metternich des Bürgertums. Metternich sah im sterbenden Feudalismus, Heine im (drohenden) Untergang des Bürgertums das Ende der Kulturwelt.[143]

---

[140] So nennt zum Beispiel der Adjunkt des Maires in seiner Rede den Bärentöter Laskaro »Pyrenäen-Lafayette«. (*Atta Troll,* Kaput XXV. *Werke,* II, 176)
[141] Hierzu ist zu bemerken, daß Heine eine intime Kenntnis der Geldwirtschaft des Juste Milieu besaß. Er beteiligte sich an Börsenspekulationen; seine Bekanntschaft mit dem Bankier Rothschild gab ihm Zutritt zu Finanzkreisen.
[142] *Atta Troll,* Kaput XII. *Werke,* II, 137.
[143] Marcuse, *op. cit.,* S. 218. – Lichtenberger dagegen glaubt in Heines Stellung zum Juste Milieu evolutionäre Tedenzen zu finden: ». . . hofft Heine, obwohl er die tiefe Korruption des Bürgertums und die Unsicherheit seiner Herrschaft durchaus anerkennt, daß die Regierung Louis Philipps möglichst lange dauern und dem Volke durch eine besonnene und friedliche Verwaltung dazu verhelfen möge, die kommende Krisis ungefährdet durchzumachen.« (Lichtenberger, *op. cit.,* S. 216)

Doch glaube ich, daß Heines eigenes Wort mehr Gewicht hat als Marcuses geistreiche Formulierung.

Ferner findet sich im *Atta Troll* auch eine satirische Schilderung des Juste Milieu.

Der Adjunkt des Maires hielt
Eine Rede vor dem Rathaus,
Als der Zug dorthin gelangte,
Und er sprach von vielen Dingen –

Wie z. B. von dem Aufschwung
Der Marine, von der Presse,
Von der Runkelrübenfrage,
Von der Hyder der Parteisucht.

Die Verdienste Ludwig Philipps
Reichlich auseinandersetzend
Ging er über zu dem Bären
Und der Großtat des Laskaro.

»Du Laskaro!« – rief der Redner,
Und er wischte sich den Schweiß ab
Mit der trikoloren Schärpe –
»Du Laskaro! Du Laskaro!«[144]

[144] *Atta Troll,* Kaput XXV. *Werke,* II, 175 f. – Wie deutlich selbst die Gegner Heines Stellung zum Juste Milieu erkannten, beweist ein Privatbrief von Gentz, Metternichs Vertrautem, an den Baron Cotta:

». . . Ein Artikel (Heines) in der Beilage (der *Augsburger Allgemeinen Zeitung*) vom 13. April fängt mit der Erklärung an: ›Noch nie, selbst nicht in den Zeiten der Pompadour und Dubarry, habe Frankreich in den Augen des Auslandes so tief gestanden, und es zeige sich jetzt, daß in einer Maitressenherrschaft immer noch mehr Seele zu finden sei, als in dem Komptoir eines Bankiers.‹ Wie muß einem aufgeklärten Kaufmann hierbei zu Mute sein? Die Geistlichkeit und den Adel mag man längst nicht mehr; sie sind abgetan: requiescant in pace! Wenn aber Männer wie Perier und ihre Anhänger, d. h. Angestellte, Bankiers, Gutsbesitzer und Boutiquiers, noch mehr perhorresciert werden, als die ehemaligen Fürsten, Grafen und Barone, wer soll denn zuletzt die Staaten regieren? Die Wahl bleibt nur noch zwischen den Redakteurs des *Freisinnigen* (Rotteck und Welcker), als der – Gott stehe uns bei! – gemäßigteren Revolutions-Koterie, und Volksvertretern wie Heine, Wirth, Siebenpfeiffer etc.« (Zitiert nach Strodtmann, *op. cit.,* II, 275)

Heine sieht die äußeren und inneren Schwächen des Juste Milieu. Der Beamte, der sich mit der Fahne der Revolution den Schweiß abwischt, und die gespenstischen Zwerge sind nur Symbole für etwas, das Heine, um den mildesten Ausdruck zu wählen, nicht liebt. Heine ist nicht der »Metternich«, er ist der Kritiker des Bürgertums. Allerdings kritisiert er das deutsche Bürgertum mit seinem schwächlichen Radikalismus und seiner Untertanenseligkeit viel schärfer als das französische Juste Milieu – wenigstens im *Atta Troll.* Hatte doch das deutsche Bürgertum noch nicht einmal die Kraft aufgebracht, sein feudalistisches Joch abzuwerfen; hielt es doch nur revolutionäre Reden ohne je Revolution gemacht zu haben!

XII. Kapitel
Heines Hass gegen den Phrasenpatriotismus

Das Metternichregime hatte mit verknöcherter Hand die Freiheitssehnsucht des deutschen Bürgertums unterdrückt. Und wie der Maschinist an einem Kessel, der überheizt worden ist, ein Sicherheitsventil öffnet, damit der Dampf, ohne Schaden zu tun, abziehen kann und eine Explosion vermieden werde, so mußten auch dem deutschen Bürgertum einige Ventile gelassen werden, durch die es seinem erwachenden politischen Bewußtsein, seinem Interesse für das öffentliche Leben, Luft schaffen konnte, ohne doch die Grundlagen der feudal-aristokratischen Ordnung zu erschüttern.[145]

Die revolutionären Gelüste wurden in vaterländische Geleise gelenkt. Die gefährlichsten Revolutionäre, die klarsten und ehrlichsten Köpfe, waren sowieso entweder unter die Aufsicht der allmächtigen Polizei gestellt, oder sie waren ins Ausland geflohen. Die Scheinrevolutionäre dagegen, die Superpatrioten, durften sich in voller Freiheit in großklingenden Reden ergehen, durften ihre »Tendenz«gedichte veröffentlichen.[146]

Heine erkannte den reaktionären Zug sehr wohl, der den Schriften der vaterländischen Barden innewohnte, er

durchschaute die jüngste Vergangenheit, in der die Freiheitssehnsucht der Freiheitskriege als »Nationalselbstsucht« geendet hatte. Was war denn nach dem echten Aufschwung von 1814 gekommen? »Die Alliierten

---

[145] Hierhin gehört zum Beispiel die krankhaft-übertriebene Blüte der Theaterkritik und des Theaterklatsches, an dem sich alle Kreise der Bevölkerung, bis zum Thron hinauf, lebhaft beteiligten. Die Schauspielerinnen und ihre Affären, die Dekorationen der Staatstheater wurden *die* Tagesfragen. – Näheres siehe in H. H. Houben, *Der gefesselte Biedermeier* (Leipzig, 1924).
[146] Cf. S. 74, Anm. 132 der vorliegenden Arbeit.

und die schlechten Befreiungsgedichte, Hermann und Thusnelda, Hurra, und der Frauenverein und die Vaterlandseichen und das ewige Prahlen mit der Schlacht bei Leipzig, und kein Aufhören davon.«[147]

Aus künstlerischen und politischen Gründen opponiert Heine gegen die »Phrasenpatrioten«. Aus künstlerischen – denn die im Grunde reaktionären Tendenzpoeten waren unfähig gewesen, ihrer Gesinnung vollwertigen dichterischen Ausdruck zu verleihen. Reaktion und Stümperei scheinen sehr oft Hand in Hand zu gehen; im Falle dieser Gegner Heines deckten sich tölpischer Inhalt und mangelhafte Form bestimmt. Und was die politischen Gründe betrifft, zitiere ich Lichtenberger:

Heine empfindet keinen Respekt vor jenen Mundhelden, die an die Allmacht der Phrase glauben, die dem Volke sagen, »was die Glocke hat geschlagen«, die Dolche und Schwerter reden, aber ihre Dichtungen so allgemein wie möglich halten, um sich nicht bloßzustellen, und in ihrer Harmlosigkeit wähnen, daß ihre Reden Taten ersetzen können.[148]

Heine hat wirklich keinen Respekt vor den »Mundhelden«. Am Schluß des *Atta Troll,* an der betontesten Stelle also, erfolgt der große Angriff auf die Phrasenpatrioten, die Vaterlandsretter. In der 1. Fassung ist dieser Angriff deutlicher als in der 2. Fassung, da natürlich die Veröffentlichung des Epos in der *Zeitung für die Elegante Welt,* so weit wie möglich, direkt in die politischen Kämpfe eingreifen sollte.

Andre Zeiten, andre Vögel!
Andre Vögel, andre Lieder!
Wie sie schnattern, jene Gänse,
Die gemästet mit Tendenzen!

---

[147] Marcuse, *op. cit.,* S. 150; sowie *Reisebilder III. Werke,* III, 201.
[148] Lichtenberger, *op. cit.,* S. 224. – Vgl. auch S. 69, Anm. 120 und S. 71, Anm. 127 der vorliegenden Arbeit.

Auf den Wällen Deutschlands flattern[149]
Sie herum mit lahmen Schwingen,
Platte Füße, heisre Kehlen –
Viel Geschrei und wenig Wolle.

Manche weißgefärbten Raben
Sind darunter. Diese krächzen
Immerfort: »Die Gallier kommen!«
Sind des Kapitoles Retter.[150]

Als Heine den *Atta Troll* zum ersten Mal veröffentlichen ließ, war er sich der Schwere seines Kampfes gegen die Phrasenpatrioten vollauf bewußt. Zwei Stellen aus Briefen an Heinrich Laube zeigen das sehr klar.

... wenigstens für mich sehe ich ein schlimmeres Schicksal voraus als die Vergessenheit, wenn ich jetzt mit Euch Opposition bilde gegen den *Phrasenpatriotismus* [Meine Hervorhebung, d. A.] und Zeitgeschmack. Es ist der feigen Lüge eines Gutzkow und Konsorten bereits gelungen, meine

---

[149] In diesem Zusammenhang ist es interessant, zu bemerken, daß Heine im letzten Augenblick (in einem Brief an Laube vom 11. Februar 1843) »Auf den Wällen Deutschlands« an Stelle von »Auf den Zinnen Deutschlands« setzt. Dies geschah offensichtlich, um etwas, das wie eine Anspielung auf Herwegh aussehen konnte, zu eliminieren. Herwegh hatte in seinem bekannten Gedicht »Die Partei« die Prägung »Auf den Zinnen der Partei!« an betonter Stelle gehabt.

[150] *Atta Troll,* Kaput XXVII. *Werke,* II, 181, Anm. 1. – In der 2. Fassung, der Buchausgabe (*Werke,* II, 182), ist der Angriff nicht mehr so deutlich, denn diese Fassung sollte ja auch noch gelesen werden, wenn die »Phrasenpatrioten« längst vergessen sein würden.

Welch ein Gurren! Turteltauben,
Liebesatt, sie wollen hassen,
Und hinfüro, statt der Venus,
Nur Bellonas Wagen ziehen.

Welch ein Sumsen, welterschütternd!
Das sind ja des Völkerfrühlings
Kolossale Maienkäfer,
Von Berserkerwut ergriffen!

Doch selbst 1846, als die erste Hitze des Gefechts verraucht ist, schreibt Heine noch an Campe, mit einer Mitteilung über das Titelblatt der Buchausgabe des *Atta Troll:*

In Deutschland scheint wieder die Heuchelei der Ernsthaftigkeit zu grassieren, und mein Bär kommt zur rechten Zeit, um zu treffen, aber auch, um getroffen zu werden. (Brief an Campe vom 26. XII. 1846. *Werke,* IX, 296)

politischen Überzeugungen zu verdächtigen, und ich, der ich vielleicht der entschiedenste aller Revolutionäre bin, der ich auch keinen Fingerbreit von der geraden Linie des Fortschritts gewichen, der ich alle großen Opfer gebracht der großen Sache – ich gelte jetzt für einen Abtrünnigen, einen Servilen! Was wird das erst geben, wenn ich in direktem Gegensatz gegen die Scheinhelden und Maulpatrioten und sonstigen Vaterlandsretter auftrete? ...[151]

Und etwas später, vier Wochen vor der Veröffentlichung des Gedichtes, wiederholt Heine den Gedanken noch einmal:

Jetzt wird der ganze Landsturm des Patriotismus über mich herfallen. Über meine Frivolität wird ja nur deshalb geklagt, weil ich nicht zu der Partei gehöre. Früher durfte ich deshalb alles nackt sagen, was ich nur wollte.[152]

Hier stellt Heine also fest, daß er sich nicht mehr zur liberalen Partei rechnet – soweit der lose Zusammenhang höchst verschiedenartiger Gestalten überhaupt Partei genannt werden konnte. Seine ganze Vereinsamung spricht aus den kurzen Zeilen. Aber nicht, weil er ein »Verräter« geworden wäre, hat er sich von der »Partei« zurückgezogen, sondern weil er schon viel weiter vorwärts gegangen war als die Liberalen.[153]

---

[151] Brief aus Paris, den 7. November 1842. *Werke,* IX, 190f.
[152] Brief aus Paris, den 3. Dezember 1842. *Werke,* IX, 195.
[153] Cf. S. 70, Anm. 125 der vorliegenden Arbeit.

XIII. Kapitel
Heine und die bürgerliche Moral

Eines der Epitheta, die Heine dem Atta Troll auf den Leib geschrieben, sind die Worte »Sittlich-religiös«.[154] Mit diesen beiden Worten umreißt Heine ein ihm konträres, feindliches, gefühlsmäßig verhaßtes Element, das er um so mehr bekämpft, als er es als Schwäche bei seinen national-demokratischen, radikal-patriotischen Gegnern beispielhaft entwickelt vorfindet.[155]

Nun verschiebt sich der Begriff der Sittlichkeit fast von Generation zu Generation, besonders in Zeiten intensiver Wandlung der sozialen Struktur, wie es in Heines Tagen der Fall war. Jede gesellschaftliche Schicht hat andere Sittlichkeitsnormen; was dem Angehörigen der einen Schicht ein leichtes Lächeln entlockt, reizt den Menschen der zweiten zu aufgeregtem Geschrei, und läßt wiederum das Mitglied einer dritten sozialen Gruppierung vollkommen kalt. Auch die Nationen haben verschiedene Sittlichkeitsnormen; das »Shocking« des Engländers empfindet der Franzose vielleicht als amüsantes Intermezzo. Und vor allem hat jedes Individuum variierende Moralnormen, beeinflußt von Kulturkreis, Klasse, Generation, Erziehung, Erlebnissen.

Um also das, was Heine unter der Aufschrift »Sittlich-religiös« verstanden haben will, richtig zu erfassen, muß man sich an Heine selber halten – kein anderer könnte es uns sagen.

Die von Heine bekämpfte Sittlichkeit hat einen säuerlichen Bei-

---

154 Cf. *Atta Troll,* Kaput XXIV. *Werke,* II, 174, sowie S. 55, Anm. 95 der vorliegenden Arbeit.

155 Heine schreibt gegen Menzel:

> Als ich ihm Stück vor Stück die Fetzen des falschen Patriotismus und der erlogenen Moral vom Leibe riß, da erhub er wieder ein ungeheures Geschrei: die Religion sei in Gefahr, die Pfeiler der Kirche brächen zusammen, Heinrich Heine richte das Christentum zu Grunde! (Cf. *Schwabenspiegel. Werke,* VIII, 205)

geschmack, etwas unangenehm Altjüngferliches; sie ist eine Sittlichkeit, deren Träger immer wieder betont, wie sittlich er ist, eine kleinbürgerliche Moralauffassung, die sich darüber aufhält, daß Heine jahrelang mit einer »Grisette« zusammengelebt hat –

Manche der zahlreichen groben Hinweise Heines auf seine Erfolge bei Frauen[156] wären uns erspart geblieben, wenn der Dichter nicht gewußt hätte, daß jeder dieser Hinweise ein kleiner Keim der Aufregung und des Ärgernisses bei den Wächtern der Moral sein würde. Im Grunde haben die Wächter der Moral, die da Ärgernis nehmen, doch den Wunsch, es dem großen Lebemann einmal gleichzutun. In den herrschenden Schichten ist diese Art Moral selten zu finden – Metternich war keineswegs ein Tugendbold – denn die herrschenden Schichten sind durch die Praktiken, mit denen sie sich an der Macht halten,[157] gewöhnt, etwas großzügiger zu denken; man findet diese sauere, trockene, giftige Sittlichkeit im Kleinbürgertum, das die von der herrschenden Schicht und deren Sprechern ausgegebenen Moraledikte und Lebensweisheiten ernst nimmt.

Das Kleinbürgertum aber war die Schicht, die zu Heines Zeit jene radikalen demokratisch-patriotischen, in Deutschland nicht zu verwirklichenden Idole vertrat – hier berührten sich Politik und Ethik; Atta Troll, der wildgewordene Kleinbürger, mußte auch an diesem empfindlichen Punkte getroffen werden.

Heine war kein Kleinbürger, obwohl er aus kleinbürgerlichem Hause stammte. Sein Leben hatte ihn nach oben getragen, sein moralischer Standard war der der herrschenden Klasse. Er liebte es, gut zu speisen; er schmückte seine Frau; er focht mit allen Mitteln für eine Erbschaft, nur um sich ökonomisch zu sichern; er liebte es, über die Boulevards zu flanieren und den Mädchen

---

[156] Der Zyklus »Verschiedene« in den *Neuen Gedichten* umfaßt folgende beträchtliche Liste: Seraphine, Angelique, Diane, Hortense, Klarisse, Yolante und Marie, Jenny, Emma, Kitty. Dazu kommen die verschiedenen Abenteuer, die in anderen Werken mehr oder minder ausführlich erwähnt werden.

[157] Cf. K. Glossy, »Literarische Geheimberichte aus dem Vormärz«, *Jahrbuch der Grillparzergesellschaft,* XXI, 1912 (Wien, 1913).

schöne Augen zu machen – Karl Marx, der stille Stubengelehrte, der aber schon die Ethik einer neuen Klasse vertrat, zuckte darüber die Achseln,[158] während der radikale Kleinbürger Börne den Dichter eine »Sybaritische Natur« schimpfte.[159] Traf es Heine? Nein. Denn er war kein Sybarit. Er liebte das Leben. Todkrank noch ließ er sich auf den Balkon seiner Wohnung tragen und beobachtete neidisch durch das Fernglas das auf und ab flutende Leben auf den Boulevards von Paris.

Ich will hier nicht zu entscheiden versuchen, ob es richtig oder unrichtig ist, daß ein Mensch, der über Hunger und Ungerechtigkeit schreibt – und Heine schrieb »Die Weber«![160] – auch die Verpflichtung auf sich nehmen müsse, in einer Dachstube zu leben und Löcher in den Hosen zu haben. Heine hätte über dies kleinbürgerliche Ideal eines »ehrlichen« Revolutionärs gelächelt. Das Problem bestand für ihn nicht. Er war ganz selbstverständlich wie er war, und Marx, der ihn so nahm wie er war, wußte ihn so am nützlichsten für seine Sache zu verwenden; die asketischen republikanischen Deutschtümler mit ihren streng-sittlichen, »nazarenischen« Forderungen stießen Heine ab.[161]

Heine hatte sein, vielleicht, zu generöses Laster, er liebte den großen Lebensstil, heiter und »lächelnd« nahm er für sich die großen Portionen in Anspruch[162] – und wirkte doch nachhaltiger als jene Charakterhelden, jene »Nazarener«.

Am wenigsten Recht aber, Heines Sittlichkeit zu kritisieren, hatten die nationalistischen Kleinbürger, die am Biertisch Freiheitslieder sangen[163] und damit ihrer vaterländischen Pflicht Genüge

---

158 Cf. Franz Mehring, *Geschichte der deutschen Sozialdemokratie* (Stuttgart, 1897), I, 218f.
159 *Ludwig Börne. Werke,* VII, 364.
160 *Werke,* I, 382.
161 Cf. Brod, *op. cit.,* S. 406.
162 Cf. *Lutetia. Werke,* VI, 299.
163
Der Knecht singt gern ein Freiheitslied
Des Abends in der Schenke:
Das fördert die Verdauungskraft,
Und würzet die Getränke.
(»An einen politischen Dichter«, *Werke,* I, 335)

taten. Sie, deren Feindschaft gegen die Heinesche Lebenslust aus der Unterdrückung ihrer Wünsche entsprang, die Männer mit der »zottigen Hochbrust« und den turnerischen Ehrgeizen, die Atta Trolls, zwiespältige Seelen, sie werden von Heine getroffen:

Mancher tugendhafte Bürger
Duftet schlecht auf Erden, während
Fürstenknechte mit Lavendel
Oder Ambra parfümiert sind.

Jungfräuliche Seelen gibt es,
Die nach grüner Seife riechen,
Und das Laster hat zuweilen
Sich mit Rosenöl gewaschen.[164]

Man ginge fehl, wenn man aus solchen und ähnlichen Äußerungen folgerte, Heine schlage sich auf die Seite der mit Lavendel oder Ambra parfümierten »Fürstenknechte« – seine Gegner haben es gefolgert, und seine Literaturhistoriker haben, von Stellen wie der zitierten kopfscheu gemacht, ihn nur schwächlich dagegen verteidigt. Ich gebe ruhig zu, daß dem Dichter Lavendel sympathischer war als grüne Seife; aber er hat den mit Lavendel parfümierten Seelen ebenso oft die Wahrheit gesagt wie den nach grüner Seife duftenden. *Atta Troll* ist allerdings mehr gegen die Grüne-Seife-Geister gerichtet als gegen die Lavendel-Herren – aber daß der Satiriker Heine sich verschiedene Objekte zu verschiedenen Zeiten aussucht, ist schließlich kein Grund, daraus abzuleiten, daß er zwischen »Extremen« pendele.[165]

Weiteres über die nach »grüner Seife duftenden« Charaktere erfährt man aus der Vorrede Heines zum *Atta Troll.*

Nie war die Zeit günstiger für den *tugendhaften* Blödsinn, für die großen Überzeugungen, die viel Lärm schlagen, und für die *edlen Gesinnungen,* die gar nichts besagen. Die *Herrschaft der Gerechten* [Meine Hervor-

---

[164] *Atta Troll,* Kaput VIII. *Werke,* II, 126.
[165] Cf. S. 58, Anm. 101 der vorliegenden Arbeit.

hebungen, d. A.] nahm damals ihren Anfang in der Literatur. Ich erinnere mich eines Schriftstellers aus jener Zeit, dessen größtes Verdienst in seinen eigenen Augen darin bestand, daß er für die gute Sache schrieb, ohne überhaupt schreiben zu können; zur Belohnung für seinen bleiernen Stil schenkten ihm seine Kompatrioten von Hamburg und Frankfurt einen silbernen Ehrenbecher.[166]

Heine hatte nichts gegen die »Tugend«. Er stand ihr gleichgültig gegenüber. Aber in dem Augenblick, wo man gegen ihn im Namen dieser »Tugend« vorging, wehrte er sich, indem er nicht nur die Feinde, sondern auch deren Banner attackierte, das sie schützend und sich selber heiligend vor sich hertrugen.

Der Kampf mit Menzel diene als Beispiel:

... wie schwer es war, den »Denunzianten« in die Presse zu bringen, wie das Ansehen desselben durch gewisse Autoritäten geschützt werden sollte, und wie endlich durch unleugbare Urkunden, durch ein Autograph des Denunzianten, das sich in den Händen von Theodor Mundt befindet, der Titel meiner Schrift aufs glänzendste gerechtfertigt wird. Was der Gefeierte dagegen vorgebracht hat, ist dir vielleicht bekannt, mein teurer Leser. Als ich ihm Stück vor Stück die Fetzen des *falschen Patriotismus* und der *erlogenen Moral* vom Leibe riß, da erhob er wieder ein ungeheures Geschrei: die *Religion sei in Gefahr,* die *Pfeiler der Kirche* brächen zusammen, Heinrich Heine *richte das Christentum zu Grunde!* [Meine Hervorhebungen, d. A.][167]

Heine ist mit Bedacht ehrlich. Er macht aus seiner antiabstinenten Haltung kein Hehl, auch und gerade nicht im *Atta Troll,* der als Antwort auf die Tugend-Attacken dient.

Drückt' ich hastig meine Lippen
Auf die roten Wangengrübchen
Und ich machte den Vernunftschluß:
Ja, ich küsse, also leb ich![168]

---

[166] Aus dem französischen Text der Vorrede. *Werke,* II, 107, Anm. 2.
[167] Cf. *Schwabenspiegel. Werke,* VIII, 205.
[168] *Atta Troll,* Kaput XIII. *Werke,* II, 139.

Aus der, übrigens an seine frühere reisejournalistische Tätigkeit gemahnenden, Schilderung der Überfahrt über den Lac de Gobe, und

Bin so recht der rechte Ritter,
Den du brauchst – mich kümmerts wenig,
Daß du[169] tot und gar verdammt bist –
Habe keine Vorurteile –

Haperts doch mit meiner eignen
Seligkeit, und ob ich selber
Noch dem Leben angehöre,
Daran zweifle ich zu weilen.[170]

aus der Beschreibung der Wilden Jagd sind typisch für seine ungebundene Haltung. »Habe keine Vorurteile« – die andern sind voller Vorurteile. Und natürlich ärgern sie sich über die offensichtliche »Charakterlosigkeit« des Dichters. Will Heine sie ärgern? Ja, höchstwahrscheinlich – denn zu der Zeit, wo er im *Atta Troll* der toten sinnlichen Jüdin Herodias unsittliche Anträge macht, ist er brav und halbwegs zufrieden verheiratet. Man findet diese Regung »Nun gerade!« sehr oft bei Heine; er gibt sich um so bohemienhafter in seinen Schriften, je mehr die andern daran Anstoß nehmen. Er sah Priesterkutten und Regierungsagenten verbündet mit germanischen Freiheitshelden und unangenehm riechenden Tugendbolden gegen sich anrennen. Er hatte seine Erfahrungen gemacht; in München saßen jetzt Maßmann und Döllinger[171] zusammen; im Namen der Religion wurde er verurteilt – und so bekommt der Bär auch den frömmelnden Charakterzug »Sittlich-religiös«. Atta Troll predigt seinem Sohne:

Selbst die Deutschen, einst die bessern,
Selbst die Söhne Tiuskions,

---

169 Herodias.
170 *Atta Troll*, Kaput XX. *Werke*, II, 157.
171 A propos, der erzinfame
Pfaffe Dollingerius . . .
(Aus »Der Exnachtwächter«, *Werke*, II, 342 [entstanden um 1846])

Unsre Vettern aus der Urzeit,
Diese gleichfalls sind entartet.

Sind jetzt glaubenlos und gottlos,
Pred'gen gar den Atheismus –
Kind, mein Kind, nimm dich in Acht
Vor dem Feuerbach und Bauer!

. . . .

Werde nur kein Atheist,
So ein Unbär ohne Ehrfurcht
Vor dem Schöpfer – ja, ein Schöpfer
Hat erschaffen dieses Weltall![172]

Heine war nicht antireligiös, als er den *Atta Troll* schrieb – er war areligiös. Das Leben, das schöne Leben, das man genießen konnte und sollte, nahm ihn viel zu sehr in Anspruch. Er ist ein Diesseitsmensch.

Marcuse schreibt:

> In ihm bahnte sich schon an, was dann später in Nietzsche ein europäisches Ereignis wurde: Die Verherrlichung des Lebens, die Degradierung der sittlichen Idee und, im Gefolge dieser Degradierung, der Kampf gegen die Askese, der Kampf gegen jene Religion, die am stärksten der sittlichen Idee, dem Verzicht aufs Leben zugunsten einer moralischen Zukunft, den Weg geebnet hatte, der Kampf gegen das Christentum. Man hat diesen Heine-Nietzscheschen Kampf goethisch, heidnisch, klassisch, dionysisch genannt; er war vor allem eins, antimoralisch.[173]

Ich habe versucht, Heines Stellung zur Religion und Moral aus seiner allgemeinen politischen Kampfstellung zu erklären; und Marcuses Meinung ist hier registriert, weil sie mehr interessant als richtig ist. Heine war kein »Antichrist«. Er war nicht gegen die Moral an sich, sondern gegen eine bestimmte Sorte von Moral, die genügend charakterisiert worden ist. Er war nicht gegen die Reli-

---

[172] *Atta Troll,* Kaput VIII. *Werke,* II, 126f. – Feuerbach und Bauer, beide Hegelschüler, sind wichtig für den Aufbau der Philosophie des Materialismus.
[173] Marcuse, *op. cit.,* S. 232f.

gion als solche, sondern gegen eine bestimmte Art religiöser Heuchelei; er war gegen die Religion, sobald sie seine Ziele störend auftrat mit dem Anspruch, ihn zu maßregeln. Sonst hatte er – um die Zeit der Abfassung des *Atta Troll* – kein Interesse dafür. Und keineswegs ist er der Vorläufer des Übermenschen, des großen Antimoralischen, für den es keine Bindungen gibt – wäre er es gewesen, so hätte er sich ganz in den Elfenbeinturm des individuellen Lebensgenusses zurückgezogen und hätte nicht gekämpft, wie er gekämpft hat: Als der ironische Prophet einer neuen Weltordnung.

Zwar hat Heine geschrieben:

> Es ist wahr, wir sind alle Brüder, aber ich bin der große Bruder und ihr seid die kleinen Brüder, und mir gebührt die bedeutendere Portion ...[174]

und man könnte mit Marcuse diese Äußerung als Beleg für Heines Nietzschesche Lebenshaltung anführen – aber in Wahrheit haben diese Worte Heines doch wenig »Übermenschliches« an sich. Sie bedeuten nur, daß sich der Dichter den kleinen Gestalten, die sich um ihn und in seiner Zeit wichtig machten, unendlich überlegen fühlte und darüber lachte, wenn sie zu ihm mit dem Anspruch der »Gleichheit« kamen – wer wollte ihm das verübeln? Er war doch schließlich ein großer Mensch, der das Recht dazu hatte!

---

[174] Aus *Lutetia. Werke,* VI, 299. – In der französischen Ausgabe heißt es sogar:
Es ist wahr, die Menschen sind von Geburt einander gleich, aber unsere Mägen sind ungleich, und es gibt einige darunter, die aristokratische Geschmacksnerven haben und Trüffeln den tugendhaften Kartoffeln vorziehen.

XIV. Kapitel
Heine und der Kommunismus

In meiner bisherigen Untersuchung haben sich nur negative Aspekte ergeben. Ich habe festgestellt, was Heine *nicht* wollte. Ich habe mich bemüht zu zeigen, daß *Atta Troll* nicht gegen die Tendenz an sich geschrieben wurde, sondern gegen eine bestimmte Tendenz – und habe daraus gefolgert, daß *Atta Troll* kein »Pendelschlag« ins Reaktionäre, Romantisch-Weltabgewandte ist; ich habe gezeigt, daß das Gedicht nicht gegen den Radikalismus an sich, sondern gegen eine bestimmte Art von Radikalen gerichtet ist. Ich habe gezeigt, daß Heine instinktiv und bewußt eine Zeitströmung bekämpfte, die trotz aller radikalen Gebärden in ihrer Essenz reaktionär war. Ich habe behauptet, daß Heine, indem er diese Stellung einnahm, gedanklich seiner Zeit vorausgeeilt war und sich deshalb Mißverständnissen seitens seiner Zeitgenossen und auch seitens der Nachwelt aussetzte.

Atta Troll ist also ein negatives Werk. Es ist nicht zielweisend, sondern sagt nur, daß die geistigen und politischen Ziele anderer falsch sind. Der menschliche Geist kann aber nicht allein im Negativen leben – das liegt tief in seiner Natur begründet. »Der Geist, der stets verneint«, Mephistopheles, ist nur eine, wenn auch geniale, Konstruktion. Wo liegt das Positive im Heine der 40er Jahre? Wo sieht der Dichter, Journalist und Politiker Heine die wirklich fortschrittliche, wirklich revolutionäre Bewegung, mit der er sich – wenn auch unter noch so großen Vorbehalten – verbünden kann, und um die es sich für ihn zu kämpfen lohnt?

Diese Bewegung ist der Kommunismus.[175]

---

[175] Um Mißdeutungen aus dem Wege zu gehen, sei schon hier festgestellt, daß der Kommunismus, für den Heine sich einsetzt, nicht identisch ist mit dem Bolschewismus der Gegenwart.

Da *Atta Troll* nur negative Aspekte, bis auf geringe Ausnahmen, enthält, mußte, um die positiven Elemente in Heines Gedankenwelt zu finden, das um dieselbe Zeit (1840–1843) entstandene Werk *Lutetia,* die Pariser Korrespondenzberichte des Dichters an die *Augsburger Allgemeine Zeitung,* herangezogen werden. *Lutetia* bildet die notwendige Ergänzung zum *Atta Troll,* seine Fortsetzung in Prosa, wie das *Wintermärchen* seine Fortsetzung in Versen ist.

Vierzehn Jahre nach der Abfassung des *Atta Troll,* als er todkrank in der Matratzengruft liegt, schreibt Heine sein politisches Testament, schreibt er die Vorrede zur französischen Ausgabe der *Lutetia.* In diesen vierzehn Jahren hatte sich viel geändert. Die Revolution von 1848 war in Deutschland vorübergegangen, ohne die soziale Struktur der damaligen Gesellschaft von Grund auf zu ändern. Die Revolution brachte nur eine Entwicklung ans offene Licht, die schon lange im Gange war: Das Bürgertum, das Juste Milieu, kam nun auch in Deutschland in zunächst bescheidenem Maße zur Macht, es schloß sein Bündnis mit den vorher so »radikal« bekämpften Monarchien, »der Cynismus gedieh, wo der Mensch durch den Menschen exploitiert wurde«.[176] Aber es meldete sich schon, wenn auch noch schwach, die Gegenbewegung, für die vor vierzehn Jahren, als sie kaum geboren war, *Atta Troll* geschrieben worden wäre – wenn, ja wenn Heine nicht die tragische Rolle des zu früh Gekommenen gehabt hätte. Jetzt, 1855, beginnen die sozialen – und nicht mehr »politischen« – Parteien aufzumarschieren, die Heine vorausgesehen hatte;[177] der Radikalismus von 1840 hat sich endgültig in seine Bestandteile aufgelöst, und wesentlich ist nur noch der »patriotische«, nicht mehr der demokratische Teil der Radikalen. Heine schreibt:

---

[176] *Lutetia. Werke,* VI, 217.

[177] »Seit aber durch die Fortschritte der Industrie und der Ökonomie es möglich geworden, die Menschen aus ihrem materiellen Elende herauszuziehen und auf Erden zu beseligen, seitdem – Sie verstehen mich ...« schreibt er schon 1833 an Laube. (Brief aus Paris vom 10. Juli 1833. *Werke,* IX, 21)

Die zweite der beiden gebieterischen Stimmen, die mich bestricken, ist noch mächtiger und dämonischer als die erste, denn es ist die des Hasses, des Hasses, den ich der Partei, deren schrecklichster Antagonist der Kommunismus ist, widme, und welche aus diesem Grunde *unser gemeinsamer Feind* ist. Ich spreche von der Partei der *angeblichen Repräsentanten der Nationalität* in Deutschland, von diesen *falschen Patrioten,* deren Liebe für das Vaterland nur in einer törichten Aversion gegen den Fremden und die benachbarten Völker besteht, und die jeden Tag namentlich über Frankreich ihre Galle ausgießen. Ja, diese *Überreste oder Nachkommen der Teutomanen von 1815,* die nur ihr altes Kostüm der urdeutschtümlichen Narren modernisiert haben, und sich ein bißchen die Ohren stutzen ließen – ich habe sie *gehaßt und bekämpft während meines ganzen Lebens,* und jetzt, wo das Schwert der Hand des Sterbenden entfällt, fühle ich mich getröstet durch die Überzeugung, daß der Kommunismus, der sie als die ersten auf seinem Wege findet, ihnen den Gnadenstoß geben wird; und sicherlich wird es kein Keulenstoß sein, sondern durch einen einfachen Fußtritt wird der Riese sie zertreten, so wie man eine Kröte zerdrückt. [Meine Hervorhebungen, d. A.][178]

Heine hat die »falschen Patrioten«, »diese Überreste oder Nachkommen der Teutomanen von 1815« sein ganzes Leben lang gehaßt und bekämpft – hier findet man von ihm selbst die Geradlinigkeit und Konsequenz seiner politischen Haltung bestätigt – und als die »falschen Patrioten«, um 1840, sich radikal gebärdeten und »Tendenz« schrieben, mußte er notwendigerweise gegen diesen Radikalismus und diese Tendenz auftreten. Aber nach 1840 beginnt die Situation sich zu klären, nach 1840 scheiden sich die Geister. Und gerade vor diesem Scheidungsprozeß wird der *Atta Troll* geschrieben!

Lichtenberger konstatiert:

Schon im folgenden Jahre wechselt Heine den Standpunkt. Er sieht am Horizont immer noch die Sturmzeichen eines großen Umsturzes, aber er nennt die Feinde der bestehenden Gesellschaftsordnung nicht mehr Republikaner, sondern Kommunisten.[179]

In diesem Zusammenhang zu sagen, Heine habe den Stand-

---

178 Vorrede zur *Lutetia. Werke,* VI, 217.
179 H. Lichtenberger, *op. cit.,* S. 212 f.

punkt gewechselt, ist nur eine ungenaue und leider irreführende Ausdrucksweise. Nicht Heine wechselt den Standpunkt, sondern die Fronten im geschichtlichen Kampf ändern sich, werden klar. Heine, der instinktiv, aus Haß, seinen Feind schon im *Atta Troll* erkannt hat, erkennt ihn jetzt bewußt. Schon im *Atta Troll* finden sich Stellen wie:

> Ja, das Erbe der Gesamtheit
> Wird dem Einzelnen zur Beute,
> Und von Rechten des Besitzes
> Spricht er dann, von Eigentum![180]

Doch die Geschichte entwickelt sich weiter; und Heine entwickelt sich mit ihr.

In dieser seiner persönlichen politischen Entwicklung hat ihm Karl Marx geholfen. Ich habe den Einfluß Marxens und seiner Freunde auf Heine schon gelegentlich erwähnt;[181] Franz Mehring, in seiner *Geschichte der deutschen Sozialdemokratie,* geht ausführlich darauf ein.

> Er stand mit Marx in täglichem Verkehr, so lange Marx in Paris lebte [1843–1845], und in eben dieser Zeit, im Jahre 1844, erschien Heines unsterbliches *Wintermärchen,* in das die auftauchenden Lichter des Sozialismus ebenso hineinleuchten, wie über den drei Jahre früher erschienenen *Atta Troll* noch die fliehenden Schatten der Romantik huschen. Von jeher kreuzten sich in Heines Geiste die Gedanken dreier großer Weltanschauungen; eben dies wunderbare Spiel der Farben und Formen, das bei allen grellen Widersprüchen doch harmonisch in einander klang, macht sein Genie aus, das in seiner Zeit seinesgleichen nicht gehabt hat . . .
>
> Kräftiger noch, als Ruges ausdrückliches Zeugnis, zeigen Heines Gedichte aus dieser Zeit, wie stark Marx ihn beeinflußt hat. Selbander erwogen sie oft jedes Wort in einem Gedichtchen von wenigen Zeilen, unermüdlich feilend, bis alles glatt war. Aber Heine hat auch auf Marx und Engels einen tiefen Einfluß geübt; in ihren Aufsätzen aus der zweiten Hälfte der vierziger Jahre mögen sich wenige finden, die nicht das eine oder andere Zitat von Heine enthalten. Was der radikale Kleinbürger

---

180 *Atta Troll,* Kaput X. *Werke,* II, 130.
181 Cf. S. 62, Anm. 107 der vorliegenden Arbeit.

Börne nicht fertig brachte, und der reaktionäre Philister heute erst recht nicht fertig bringt, das vermochten Marx und Engels sofort, wie es heute das klassenbewußte Proletariat vermag: sie verstanden Heine in seiner Größe und deshalb auch in seinen Schwächen. Marx dachte nicht unsittlicher als Börne, wenn er über Heines Schattenseiten sehr nachsichtig urteilte, wenn er meinte, Dichter seien sonderbare Käuze, die man ihrer Wege gehen lassen müsse, man dürfe sie nicht mit den Maßstäben gewöhnlicher oder auch ungewöhnlicher Menschen messen. Er dachte nur größer und – falls man die Frage auf das moralische Gebiet spielen will – auch sittlicher, weil er historisch verstand, weshalb Heine nicht anders sein konnte, als er war, weil ihm Heines öffentliches Lebenswerk als eine große Sache für die Befreiung der unterdrückten Klassen erschien, Heines persönliche Bedürftigkeit aber als ein Quark, gut genug, Nachmittagsprediger in sittliche Entrüstung zu jagen.[182]

Heine wurde von Marx nicht etwa umgeformt. Schon in der ersten Zeit seines Pariser Aufenthaltes war ihm klar geworden, daß keine bürgerliche, auf Umsturz der Staatsform und auf »Gleichheit« gerichtete Revolution die Erlösung der Menschheit und die Erfüllung seiner Träume bringen konnte. Heine hatte sich mit dem utopischen Sozialismus der Saint-Simon und Fourier eingehend befaßt. Zwar hatte der utopische Sozialismus mit all seinen schrullenhaften Zügen dem Dichter den Ausweg aus den Konflikten nicht zeigen können; aber *eine* für ihn grundlegende Wahrheit hatte Heine erkannt. Schon 1833 schreibt er an Laube:

Sie [Anrede an Laube] stehen höher als alle andern, die nur das Äußerliche der Revolution und nicht die tieferen Fragen derselben verstehen.

---

[182] Mehring, *opt. cit.,* S. 218f. – Heine nennt Marx »den entschiedensten und geistreichsten meiner Landsleute« (in dem der *Lutetia* eingefügten Artikel »Retrospektive Aufklärung« vom Jahre 1854, *Werke,* VII, 401). Und Marx schreibt, als er aus Paris 1845 ausgewiesen wird, an Heine: »Ich möchte Sie gern mit einpacken.« (Cf. Hermann Wendel, *Heinrich Heine, Ein Lebens- und Zeitbild* [Berlin, 1926], S. 178ff.) –

Im Gegensatz zu Mehrings Schilderung, und zu Heines und Marxens Zeugnissen selbst, behauptet Brod merkwürdigerweise:

Noch weiter als von diesen Frühsozialisten und vom »ultraliberalen« Börne ist Heine von Marx und Lassalle entfernt, mit deren jugendlicher Entwicklung seine späte Pariser Zeit sich schneidet. (Brod, *op. cit.,* S. 217)

Diese Fragen betreffen weder Formen noch Personen, weder die Einführung einer Republik, noch die Beschränkung einer Monarchie, sondern sie betreffen das materielle Wohlsein des Volkes. Die bisherige spiritualistische Religion war heilsam und notwendig, solange der größte Teil der Menschen im Elend lebte und sich mit der himmlischen Religion vertrösten mußte. Seit aber durch die Fortschritte der Industrie und der Ökonomie es möglich geworden, die Menschen aus ihrem materiellen Elende herauszuziehen und auf Erden zu beseligen, seitdem – Sie verstehen mich. Und die Leute werden es schon verstehen, wenn wir ihnen sagen, daß sie in Folge alle Tage Rindfleisch statt Kartoffeln essen sollen, und weniger arbeiten und mehr tanzen werden. Verlassen Sie sich darauf, die Menschen sind keine Esel.[183]

Nachdem Heine einmal die Ansicht, daß »es durch die Fortschritte der Industrie und der Ökonomie möglich geworden, die Menschen aus ihrem materiellen Elende herauszuziehen«, als richtig erkannt hatte, wird sie zur Grundmaxime seines politischen

---

[183] An Heinrich Laube, Paris, den 10. Juli 1833. *Werke,* IX, 21. – Wie konsequent Heine den Gedankengang dieses Briefes beibehält, möge folgendes Zitat aus *Deutschland, ein Wintermärchen* zeigen. Das *Wintermärchen* entstand 11 Jahre nach dem Brief an Laube, im Januar 1844.

Ein neues Lied, ein besseres Lied,
O Freunde, will ich euch dichten!
Wir wollen hier auf Erden schon
Das Himmelreich errichten!

Wir wollen auf Erden glücklich sein,
Und wollen nicht mehr darben;
Verschlemmen soll nicht der faule Bauch,
Was fleißige Hände erwarben.

Es wächst hienieden Brot genug
Für alle Menschenkinder,
Und Rosen und Myrten, Schönheit und Lust,
Und Zuckererbsen nicht minder.

Ja, Zuckererbsen für jedermann,
Sobald die Schoten platzen!
Den Himmel überlassen wir
Den Engeln und den Spatzen.
(*Werke,* II, 191)

Denkens. Ein anderer Brief an Laube verdeutlicht Heines politische Taktik, die er folgerichtig aus seiner Grunderkenntnis entwikkelt. Dieser Brief wurde ein Jahr nach der Abfassung des *Atta Troll* geschrieben, im dritten Jahr der politischen Berichte für die *Augsburger Allgemeine Zeitung,* die er später unter dem Titel *Lutetia* zusammenfaßte.

Liebster Freund! Wir dürfen nicht die preußischen Doktrinäre spielen, wir müssen mit den *Hallischen Jahrbüchern* und mit der *Rheinischen Zeitung* harmonieren, wir müssen unsere politischen Sympathien und sozialen Antipathien nirgends verhehlen, wir müssen das Schlechte beim rechten Namen nennen, und das Gute ohne Weltnachsichten verteidigen, wir müssen das wahrhaft sein, was Herr Gutzkow nur scheinen will.[184]

Was Heine hier an Laube schreibt, klingt nicht wie Flucht in die Romantik. Der Mann, der eben den *Atta Troll* gedichtet hat, entwickelt in dem Brief seine Linie der politischen Publizistik. Er hat diese Linie ohne Schwanken und konsequent verfolgt. 1855, als Heine offen sprechen darf – die Zensur war 1848 aufgehoben worden – stellt er ausdrücklich fest, was er mit dieser seiner Haltung bezweckte.

Wenn schon die Republikaner dem Korrespondenten der *Augsburger Allgemeinen Zeitung* einen sehr mißlichen Stoff boten, so war dies doch noch in einem viel höheren Maße mit den Sozialisten, oder um dieses Monstrum bei seinem wahren Namen zu nennen, bei den Kommunisten der Fall. Und doch ist es mir gelungen, in der *Augsburger Allgemeinen Zeitung* dieses Thema zu berühren. Viele Briefe wurden durch die Redaktion der *Augsburger Allgemeinen Zeitung,* die sich des alten Sprichworts: »Man soll den Teufel nicht an die Wand malen« erinnerte, unterdrückt.[185] Aber

[184] Brief vom 7. November 1842. *Werke,* IX. 191. – Karl Marx war Chefredakteur der *Rheinischen Zeitung* und einer der Hauptmitarbeiter an den *Hallischen Jahrbüchern* gewesen.

[185] Ein Brief an Kolb, den Chefredakteur der *Augsburger Allgemeinen Zeitung,* vom 21. April 1851, illustriert diesen Gedanken aus der *Lutetia*-Vorrede sehr hübsch:

Wie schade ist es, daß Sie mir in der »Allgemeinen« nicht immer freie Hand ließen und zumal meine bestimmten und immer wiederholten Voraussagungen über den Sozialismus als Schimären oder als indirekte Propaganda zurückwiesen! (*Werke,* IX, 378)

sie konnte nicht alle meine Mitteilungen vernichten, und, wie gesagt, ich habe ein Mittel gefunden, in ihren weisen Kolonnen einen Gegenstand zu behandeln, dessen fürchterliche Wichtigkeit in jener Epoche ganz unbekannt war. Ich malte den Teufel an die Wand meiner Zeitung, oder, wie sich eine sehr geistvolle Persönlichkeit viel besser ausdrückte: *ich machte ihm eine gute Reklame.* [Meine Hervorhebung, d. A.] Die Kommunisten, isoliert über alle Länder verbreitet, und eines klaren Bewußtseins ihrer gemeinsamen Tendenzen entbehrend, erfuhren durch die *Augsburger Allgemeine Zeitung,* daß sie in der Tat existierten, sie erfuhren auch bei dieser Gelegenheit ihren wahren Namen, der mehr als einem dieser armen Findelkinder der alten Gesellschaft völlig unbekannt war. Durch die *Augsburger Allgemeine Zeitung* erhielten die zerstreuten Gemeinden der Kommunisten die ersten authentischen Nachrichten über die unablässigen Fortschritte ihrer Sache; sie erfuhren zu ihrem großen Erstaunen, daß sie nicht im entferntesten eine schwache Gemeinschaft, sondern die stärkste aller Parteien seien; daß ihr Tag allerdings noch nicht gekommen, aber daß ein ruhiges Abwarten kein Zeitverlust für Menschen sei, denen die Zukunft gehöre.[186]

Die äußeren Widerstände, die Heine bei seiner »Reklame«-Tätigkeit für den Kommunismus zu überwinden hatte, sind gering verglichen mit den inneren Widerständen. Heine war ein bürgerlicher Intellektueller, und er hatte alle jene widerstrebenden Gefühle zu bekämpfen, die jeder bürgerliche Mensch zu bekämpfen hat, der »abtrünnig wurde von sich selber«.[187]

Ich muß auf dies Problem des Heineschen Konflikts zwischen »Zukunftswille und Zukunftsangst« (die Prägung stammt von Marcuse) so ausführlich eingehen nicht nur, weil die scheinbaren Widersprüche in Heines Charakter sich hierdurch erklären, sondern auch, weil hier einer der Gründe, und wahrscheinlich der Hauptgrund, dafür liegt, daß Marcuse, und noch mehr Brod,[188] Heines

---

[186] Vorrede zur *Lutetia. Werke,* VI, 215.

[187] Zitat aus Heines Brief vom 3. Januar 1846 aus Paris an Varnhagen von Ense. *Werke,* IX, 274.

[188] Wie sehr Brod Heine und Heines Stellung zu Sozialismus und Kommunismus mißversteht, sei an folgendem Zitat (Brod, *op. cit.,* S. 217f.) nachgewiesen:

Noch weiter als von diesen Frühsozialisten und vom »ultraliberalen« Börne ist Heine von Marx und Lassalle entfernt, mit deren jugendlicher Entwicklung seine

politische Haltung mißverstehen, den *Atta Troll* mißverstehen, und im *Atta Troll* den »Pendelschlag«, das Ausweichen, Heines letzte Flucht in die Romantik sehen.

Marcuse schreibt:

Ihn ängstigten die notwendigen Zerstörungen des Übergangs, die seine lebendige Phantasie mit gutem Recht als düster hinmalte; und er sah nicht, daß, wenn er diese Zerstörungen nicht wollte, er alle die schweren Krankheiten der bürgerlichen Welt bejahen mußte. Und da er dies oft nicht sah, da er im Kommunismus nur den schwarzen Mann und im Bürgertum die letzte (ungeliebte) Sicherheit vor der Sintflut erblickte, stärkte er nach Kräften dieses Bürgertum.[189]

---

spätere Pariser Zeit sich schneidet. Heine will Gerechtigkeit für die Massen, er verurteilt die Ausbeutung durch das »entnervende Fabriksystem«, er dichtet das Fluchlied der verhungernden schlesischen Weber; zum Skeptiker aber wird er bei dem Gedanken, die Massen selbst müßten ihr Schicksal in die Hand nehmen. Vor den Massen faßt ihn ein Grausen, ihre Herrschaft wäre das Ende der Welt.

»Da kommen zunächst die *Radikalen* und verschreiben eine Radikalkur, die am Ende doch nur *äußerlich* wirkt, höchstend den *gesellschaftlichen Grind* vertreibt, aber nicht die innere Fäulnis. Gelänge es ihnen auch, die leidende Menschheit auch nur für eine kurze Zeit von ihren wildesten Qualen zu befreien, so geschähe es doch nur auf Kosten der letzten Spuren von Schönheit, die dem Patienten bis jetzt geblieben sind; häßlich wie ein *geheilter Philister* wird er aufstehen von seinem Krankenlager, und in der häßlichen Spitaltracht, in dem aschgrauen *Gleichheitskostüm,* wird er sich all sein Lebtag herumschleppen müssen. Alle überlieferte Heiterkeit, alles Süße, aller Blumenduft, alle Poesie wird aus dem Leben herausgepumpt werden, und es wird davon nichts übrig bleiben als die *Rumfordsche* Suppe der Nützlichkeit.« (Brod zitiert Heines *Ludwig Börne, Werke,* VII, 369.)

Dies ist der innerlichste Grundzug Heines: auf jede rationale Regung der Gerechtigkeit, die er bejaht, macht er die irrationale Probe, die Probe der Schönheit und der Seele. [Meine Hervorhebungen, d. A.]

Brod irrt. Was Brod als Heines »innerlichsten Grundzug« bezeichnet, ist des Dichters Skeptizismus gegenüber der kleinbürgerlichen, »ultraliberalen« Revolution. Der Beweis dafür, und für die Unfähigkeit Brods, hier zu differenzieren, findet sich in demselben Zitat, das Brod als Beweis für seine Theorie anführt. Heine spricht von den Radikalen, deren Kur nur äußerlich wirkt, er spricht von dem Gleichheitskostüm – Egalité war die Forderung der französischen Bourgeoisie von 1789, es ist nicht die Forderung der sozialen Revolution, die Heine vorhersieht und wünscht – Heine bezeichnet die Menschheit, die durch solch eine kleinbürgerliche Revolution hindurchgegangen ist, als geheilten Philister; und der erwähnte Herr Rumford ist keineswegs der Theoretiker oder Führer einer sozialen Revolutionsbewegung, sondern ein bürgerlicher Agrarreformer und Erfinder einer wahrscheinlich schauderhaften Suppe.

[189] Marcuse, *op. cit.,* S. 221. – Vgl. auch Marcuses Feststellung, Heine sei der »Metternich des Bürgertums«. (S. 78 der vorliegenden Arbeit.)

Der erste Teil der Marcuseschen Behauptung ist richtig, der zweite Teil, Marcuses Folgerung, ist falsch. Es ist allerdings wahr, daß Heine die zerstörenden Aspekte der sozialen Revolution fürchtete – man wird sofort sehen, warum:

Dies Geständnis, daß die Zukunft den Kommunisten gehöre, ich machte es in einem Tone der äußersten Besorgnis und Beklemmung, und leider! es war keineswegs eine Maske! In der Tat, nur mit Schrecken und Entsetzen denke ich an diese Epoche, in welcher diese finstern Bilderstürmer an die Herrschaft gelangen werden; mit ihren schwieligen Händen werden sie ohne Gnade die Marmorstatuen der Schönheit, die meinem Herzen so teuer sind, zerbrechen; sie werden all dieses phantastische Spielzeug und Flitterwerk der Kunst zertrümmern, das der Dichter so liebte; sie werden meine Lorbeerhaine vernichten und daselbst Kartoffeln pflanzen; die Lilien, die weder spannen noch arbeiteten, und welche doch so wunderbar gekleidet waren wie König Salomo in all seiner Pracht, sie werden dann aus dem Boden der Gesellschaft herausgerissen, falls sie nicht etwa die Spindel zur Hand nehmen werden wollen; die Rosen, diese müßigen Bräute der Nachtigallen, werden dasselbe Los haben; die Nachtigallen, diese unnützen Sänger, werden fortgetrieben, und ach! mein »Buch der Lieder« wird dem Gewürzkrämer dazu dienen, um daraus Tüten zu drehen, in welche er Kaffee und Schnupftabak für die alten Weiber der Zukunft hineinschütten wird. Ach! ich sehe das alles voraus, und ich bin von einer unaussprechlichen Traurigkeit ergriffen, wenn ich an den Ruin denke, mit welchem das sieghafte Proletariat meine Verse, die mit der ganzen alten romantischen Welt untergehen werden, bedroht.[190]

Diese Angst vor einer Zukunft voll Zerstörung, vor einer Zukunft, die Heine als Notwendigkeit erkannt hat, ist erschütternd. Und doch stand Heine nicht »zwischen den politischen Fronten«, wie Marcuse sagt.[191] Heine war bereit, seiner Erkenntnis entsprechend zu handeln, seine geliebte und von ihm als unsozial erkannte Nachtigallen-, Lilien- und Lorbeerkultur zu opfern, sein »Buch der Lieder« als Tütenpapier verarbeiten zu lassen. Diese Angst und ihre Überwindung sind um so erschütternder zu beobachten, als sie unnötig sind. Denn was wußte Heine vom Proleta-

---

[190] Vorrede zur *Lutetia. Werke,* VI, 216f.
[191] Marcuse, *op. cit.,* S. 236.

riat? Was hatte er gesehen und erfahren? Die Weber, deren Lied er geschrieben, waren so arm und so verrückt vor Hunger, daß sie, als sie sich erhoben, nichts anderes taten, als die Möbel des Herrn Zwanziger zu zerfetzen.[192] Danach wurden sie mühelos von der Staatsmacht überwältigt. Sie waren nicht organisiert, sie hatten kein Programm, geschweige denn ein kulturelles.[193]

So weit Heine das Proletariat in seiner Organisation kannte, hatte er die »Handwerksburschen-Kommunisten« gesehen, die sich um Weitling[194] in der Schweiz und um Börne in Paris geschart hatten. Über diesen Handwerksburschenkommunismus schreibt Mehring:

Der Handwerksburschen-Kommunismus scheiterte im letzten Grunde an dem unentwickelten Zustande der Industrie, der ihm so wenig gestat-

---

[192] Zwanziger, Fabrikant in Langenbielau, einem schlesischen Weberdorf, in dem der Weberaufstand ausbrach. Cf. Gerhart Hauptmann, *Die Weber.*

[193] Hermann Wendel gibt auf S. 240 seines *Heinrich Heine, Ein Lebens- und Zeitbild* (Berlin, 1926) ein paar Beispiele ähnlich kurzlebiger Arbeiteraufstände in Frankreich, von denen Heine Kenntnis haben mußte und auch hatte.

[194] Heine hat diesen Weitling wirklich einmal getroffen, und zwar im Büro von Campe. Es ist amüsant und aufschlußreich zu beobachten, wie Heine auf Weitling, den er »übrigens einen Menschen von Talent« nennt, wie der Intellektuelle auf den, wenn auch etwas wirren, Arbeiterführer reagiert. Heine hat über diese Begegnung in seinen *Geständnissen* (*Werke,* VII, 461 ff.) ausführlich berichtet. Heine war einigermaßen schauderhaft berührt. Denn vor ihm saß die revolutionäre Realität »auf einer kleinen Holzbank, mit der einen Hand sein zusammengezogenes rechtes Bein in die Höhe haltend, so daß er mit dem Knie fast sein Kinn berührte; mit der andern Hand rieb er beständig dieses Bein oberhalb der Fußknöchel. Diese unehrerbietige Positur hatte ich anfangs den kauernden Handwerksgewöhnungen des Mannes zugeschrieben [Weitling war Schneider von Beruf], doch er belehrte mich eines bessern, als ich ihn befrug, warum er beständig in erwähnter Weise sein Bein riebe? Er sagte mir nämlich im unbefangen gleichgültigsten Ton, als handle es sich von einer Sache, die ganz natürlich, daß er in den verschiedenen deutschen Gefängnissen, worin er gesessen, gewöhnlich mit Ketten belastet worden sei; und da manchmal der eiserne Ring, welcher das Bein umschloß, etwas zu eng gewesen, habe er an jener Stelle eine jückende Empfindung bewahrt, die ihn zuweilen veranlasse, sich dort zu reiben ... Ja, ich gestehe, ich wich einige Schritte zurück, als der Schneider solchermaßen mit seiner widerwärtigen Familiarität von den Ketten sprach, womit ihn die deutschen Schließer zuweilen belästigten, wenn er im Loch saß – ›Loch! Schließer! Ketten!‹ lauter fatale Koterieworte einer geschlossenen Gesellschaft, womit man mir eine schreckliche Vertrautheit zumutete ...«

Heine ist ehrlich genug, zuzugeben, daß ihn das »Nebeneinandergehenktwerden schreckte«.

tete, unerschöpflich neue Rekruten zu werben, als die wirkliche Bahn des Sieges zu erkennen ... Seine Fehler wurzelten in den Verhältnissen ...[195]

Hier liegt auch der Grund für den tragischen Konflikt in Heine. »Seine Fehler wurzelten in den Verhältnissen ...« Der Dichter und Journalist hatte die Entwicklungstendenzen der sozialen Strömungen erkannt, er hatte sich entschlossen, auf die Seite der Zukunft zu treten. Aber der Träger der Zukunft war noch im Stadium der Unreife, roh, ein unbehauener, häßlicher Klotz. Wie groß ist Heine, daß er sich überwand und trotz seiner intellektuellen Skrupel sich für die rohe, scheinbar alles zerstörende Zukunft entschied! – Heine war zu früh gekommen.

Und doch, gestehe ich es offen, derselbe Kommunismus, der so feindlich allen meinen Interessen und Neigungen ist, übt auf meine Seele einen Reiz aus, dessen ich mich nicht erwehren kann; zwei Stimmen erheben sich in meiner Brust zu seinen Gunsten, zwei Stimmen, die sich kein Stillschweigen auferlegen lassen wollen, und die vielleicht im Grunde nur diabolische Anreizungen sind – aber wie dem auch sei, sie beherrschen mich, und keine Macht der Beschwörung wäre im Stande, mich zu bändigen.

Denn die erste ist die Stimme der Logik. »Der Teufel ist ein Logiker«, sagt Dante. Ein fürchterlicher Syllogismus hält mich umstrickt, und wenn ich die Prämisse: »daß die Menschen alle das Recht zu essen haben« nicht wiederlegen kann, so bin ich auch gezwungen, *mich allen ihren Konsequenzen zu unterwerfen.* [Meine Hervorhebungen, d. A.] Wenn ich daran zu denken anfange, laufe ich Gefahr, den Verstand zu verlieren, ich sehe alle Dämonen der Wahrheit um mich im Triumphe tanzen, und am Ende bemächtigt sich eine großmütige Verzweiflung meines Herzens und ich rufe laut aus: Sie ist schon seit langer Zeit gerichtet, verurteilt, diese alte Gesellschaft. Möge ihr Gerechtigkeit widerfahren! Möge sie zertrümmert werden, diese alte Welt, wo die Unschuld zu Grunde ging, wo der Cynismus gedieh, wo der Mensch durch den Menschen exploitiert wurde! Mögen sie von Grunde aus zerstört werden, diese übertünchten Grabstätten, wo die Lüge und die Unbilligkeit residierten! Und gesegnet sei der Gewürzkrämer, der eines Tages aus meinen Gedichten die Tüten verfertigen und in dieselben den Kaffee und den Tabak hineinschütten wird für die armen, guten Alten, die in unserer gegenwärtigen Welt der Ungerechtig-

[195] Mehring, *op. cit.*, S. 179.

keit sich vielleicht ein ähnliches Vergnügen versagen mußten – *fiat justitia, pereat mundus*![196]

Doch nicht nur jene schon erwähnte Tatsache, daß das Proletariat damals wilde, roboterhafte, gänzlich kulturlose und scheinbar sogar kulturfeindliche Charakterzüge trug, veranlaßte Heines Angst vor der sozialen Revolution. Ein anderes Faktum kommt dazu: Die kleinbürgerliche, radikale Tendenz der Gleichmacherei, die von 1789 übernommene Egalité, galt noch immer als revolutionäre Forderung, auch im Proletariat. Um 1840, am Anfang der verschiedenen revolutionären Bewegungen, die bis in unsere Gegenwart ihre Bedeutung haben, waren sie und ihre Theorien noch nicht scharf getrennt. Und Heine, der instinktiv – und auch aus egoistischen und künstlerischen Motiven – diese Gleichmacherei als falsch und widerlich empfand, bekämpfte sie.[197]

Also: Er bekämpfte und verachtete gerade das kleinbürgerliche Element in der damaligen revolutionären Bewegung und ihrem Programm.[198]

---

[196] Vorrede zur *Lutetia. Werke,* VI, 218f. – Brods Argumentation, die er konstruiert, um seine Theorie von der Heineschen »Gerechten Mitte« aufrecht zu erhalten, nimmt sich neben Heines eigenen Worten recht dürftig aus. Max Brod sagt (*op. cit.,* S. 421):

Diesen beiden Extremen gegenüber beruft sich Heine auf die wesentlich bescheidenere Forderung Saint-Justs: *Le pain est le droit du peuple.* Also nicht etwa Herrschaft sei das Recht des Volkes – sondern die Befriedigung der Minimalbedürfnisse! Nahrung, Wohnung, Kleidung . . .

Brod will nicht sehen, was Heine schon vor neunzig Jahren als selbstverständlich implizierte: Nämlich daß, um die Minimalbedürfnisse zu erfüllen, die alten Ungerechtigkeiten beseitigt, »die alte Welt«, wo »der Mensch durch den Menschen exploitiert wurde«, »zertrümmert werden« müsse.

Marcuses Idee (cf. S. 101 der vorliegenden Arbeit), daß Heine nach Kräften das Bürgertum stärkte, da er in ihm »die letzte (ungeliebte) Sicherheit vor der Sintflut«, vor dem »schwarzen Mann« Kommunismus sah, ist gleichfalls durch Heine selbst widerlegt.

[197] »Es ist wahr, wir sind alle Brüder, aber ich bin der große Bruder und ihr seid die kleinen Brüder, und mir gebührt eine bedeutendere Portion«, schreibt Heine in der *Lutetia.* (*Werke,* VI, 299)

[198] Lichtenberger erkennt richtig:

Er (Heine) erkennt in den Demokraten von Börnes Art »Nazarener«, spiritualistische Asketen, die die Welt in eine Kaserne oder ein Krankenhaus verwandeln

Und hier sind wir wieder beim Atta Troll, dem Sinnbild des losgelassenen Spießbürgers, des kleinbürgerlichen Radikalen. Heine hat sehr wohl zu unterscheiden gewußt zwischen echter sozialer Revolution, die er begrüßte und wünschte, und für die er arbeitete – und jener scheinbaren, bürgerlichen Revolution, die er 1848 erleben durfte. »Die Republik«, sagt Heine zu Meißner, »ist nichts weiter als ein Namenswechsel, ein revolutionärer Titel. Wie könnte sich die korrupte, weichliche Gesellschaft so schnell verwandeln? Wo hätten die Menschen ihren Vorrat von bürgerlichen Tugenden bisher so sorgfältig versteckt?«[199]

Heine glaubte an die soziale Revolution und hat sie prophezeit und für sie »Reklame« gemacht. Er glaubte nicht an die Radikalen, Demokraten, Nationalisten, Teutomanen, kurz an die kleinbürgerliche Oppositionsbewegung. Diese Ablehnung, diese negative Erkenntnis, ist die Essenz des *Atta Troll. Atta Troll* ist ein negatives Gedicht und hat die Schwächen der Negation. Aber bevor Heine zum Positiven kommen konnte, mußte er erst aufräumen, in sich selber, und in seiner Umwelt, mußte er den Grund vorbereiten, negieren, mußte er sagen: Nein, diese werden die Zukunft nicht tragen, die Atta Trolls, die aufgeregten, unkonsequenten, brummenden Bären.

---

möchten. Daher seine tiefe Abneigung gegen die Tendenzen der Radikalen und Republikaner. [Kleinbürgerlichen Radikalen und Republikaner, d. A.] Daher auch seine Skepsis und Entmutigung, als er an seinem Lebensabend zu erkennen glaubte, daß auch der Sozialismus auf dieselben Konsequenzen hinausliefe wie der Freisinn. (Lichtenberger, *op. cit.,* S. 296)

[199] Meißner, *op. cit.,* S. 97 f. – Daß Brod (*op. cit.,* S. 453) gerade diese Äußerung als Beleg für Heines revolutionsfeindliche Haltung zitiert, ist ein besonders grobes Mißverständnis. Es handelt sich, wie Heine selbst sagt – er erwähnt das Wort »bürgerlich« ausdrücklich – und wie aus dem Zusammenhang des direkt nach 1848 geführten Gespräches hervorgeht, um die *bürgerliche* Revolution, an deren Bedeutung Heine zweifelt – und die Entwicklung in Frankreich und in Deutschland gaben Heine recht.

Schlussbemerkung

Es ist mir mit dieser Arbeit sonderbar gegangen. Meine ursprüngliche Absicht war, der Verbindung zwischen dem äußeren Leben Heines als Journalist und seinem inneren Schaffensprozeß als Dichter nachzuspüren. Daß dies nur an Hand eines Beispiels aus seinem Schaffen geschehen konnte, war klar. Warum ich gerade *Atta Troll* aussuchte, habe ich in der Einleitung erklärt.

Aber je länger ich an der Analyse Heines arbeitete, desto deutlicher wurde mir, daß ich mich nicht nur streng auf die Wechselbeziehung Journalist – Dichter beschränken durfte, sondern daß ich das ganze reiche Leben des Dichters und die verwirrenden Ereignisse und Entwicklungen seiner Zeit erfassen mußte, um die Entwicklung des Dichters klarzumachen.

Das Hauptergebnis der Arbeit, wie ich jetzt am Ende sehe, entspricht meiner These: Daß Heine der Journalist Heine den Dichter, nicht nur beeinflußte, sondern sogar wesentlich bestimmte und umformte. Und nicht nur Heine den Dichter, sondern auch Heine den Politiker, Heine den Menschen.

Doch war dies nicht das einzige Ergebnis. Ich sah und ich bemühte mich nachzuweisen, daß die Heine-Forschung im allgemeinen daran leidet, daß einmal gefundene Formeln immer wieder mechanisch auf das Objekt, Heine, angewandt werden. Wenn Heine sagte, daß er den *Atta Troll* gegen die »Tendenz« geschrieben habe, so wurde das nachgeplappert, ohne Differenzierung, ohne die besonderen Umstände sowohl der Zeit Heines als auch unserer Gegenwart in Betracht zu ziehen. Wenn Heine, eingestandenermaßen, neben vielem anderen auch Satiriker ist, so wurde daraus gefolgert, daß er kein »echter Dichter« sein könne.

Ohne unbescheiden erscheinen zu wollen, glaube ich sagen zu müssen, daß eine differenziertere Betrachtungsweise in der Literaturgeschichte, zumindest soweit sie Heine betrifft, am Platze wäre. Die Wissenschaften der Soziologie und Psychologie, der Geschichte und Nationalökonomie müssen mehr als bisher herangezogen werden, um mit ihrer Hilfe ein universales Bild der Literaturgeschichte, ein allumfassendes Bild der Persönlichkeiten der Literatur zu geben. Die moderne Entwicklung dieser Wissenschaften verpflichtet die Literaturgeschichte, aus ihrer Fachisolierung herauszugehen und nicht nur Geschichte der Literatur, sondern Geschichte des großen, reichen Lebens und seiner Beziehungen zur Literatur zu sein.

Die älteren literaturgeschichtlichen Schriften über Heine kranken an dieser Isolierung vom Leben. Die modernen kranken daran, daß sie, obwohl sie sich um die Gesamterfassung des Lebens (und des Lebens nicht nur im Sinne von »Biographie«) bemühen, die Formelergebnisse der alten Schule ohne Überprüfung wieder benutzen. So ergeben sich Fehlkonstruktionen wie die »Pendeltheorie«, über die ja genügend gesagt worden ist.

Es gibt kein Hin und Her, keine Pendelbewegung in der politischen und dichterischen Entwicklung Heines. Von der Negation im *Atta Troll* zur positiven Bejahung der Zukunft im *Wintermärchen* und in der noch klareren *Lutetia* führt *eine* gerade Linie. Die Entwicklung vollzieht sich natürlich nicht in stetigem Tempo. Die Hemmnisse auf dem Weg des Dichters, das heißt seine intellektuellen Skrupel auch der sozialen Revolution gegenüber, zu begründen und zu erklären ist in diesen Blättern ausführlich versucht worden.

Wenn es gelungen ist, hinter dem Dokument *Atta Troll* den Dichter und Menschen Heine, den Journalisten und Politiker, seinen Haß, seine Zweifel, seine Kämpfe lebendig zu machen, für uns lebendig zu machen, die wir in einer ähnlichen Zeit leben und mit ähnlichen Problemen zu ringen haben, so ist dieser Versuch einer Analyse nützlich gewesen.

Bibliographie

Bartels, Adolf. *Heinrich Heine, auch ein Denkmal.* Dresden und Leipzig, 1906.

Brod, Max. *Heinrich Heine.* Leipzig und Wien, 1934.

Browne, Lewis. *That Man Heine.* New York, 1927.

Clarke, Margaret A. *Heine et la Monarchie de Juillet.* Paris, 1927.

Croce, Benedetto. *European Literature in the Nineteenth Century.* Translated by Douglas Ainslie. New York, 1924.

Glossy, Karl. »Literarische Geheimberichte aus dem Vormärz«, *Jahrbuch der Grillparzer-Gesellschaft,* XXI (1912). Wien, 1913.

Goethe, J. W. v. *Briefwechsel zwischen Goethe und Zelter.* Berlin, 1834.

Heine, Heinrich. *Gesammelte Werke,* hg. von Gustav Karpeles, 3. Auflage. Berlin, 1909.

Houben, H. H. *Der gefesselte Biedermeier.* Leipzig, 1924.

Houben, H. H. *Gespräche mit Heine.* Frankfurt am Main, 1926.

Jaubert, Caroline. *Heinrich Heine, Erinnerungen aus den letzten zwanzig Jahren seines Lebens (1835–1855),* übers. von Luise Walter. Paris und Leipzig, 1884.

Karpeles, Gustav. *Heinrich Heine, aus seinem Leben und aus seiner Zeit.* Leipzig, 1899.

Legras, Jules. *Henri Heine poète.* Paris, 1897.

Lichtenberger, Henri. *Heinrich Heine als Denker,* übers. von Friedrich v. Oppeln-Bronikowski. Dresden, 1905.

Marcuse, Ludwig. *Heinrich Heine.* Berlin, 1932.

Mehring, Franz. *Geschichte der deutschen Sozialdemokratie,* 1. Band. Stuttgart, 1897.

Meißner, Alfred. *Heinrich Heine, Erinnerungen.* New York, 1856.

Merker und Stammler. *Reallexikon der deutschen Literaturgeschichte,* 3. Band, Artikel »Tendenzdichtung«. Berlin, 1928/29.

Pfizer, Gustav. »Heines Schriften und Tendenz«, *Deutsche Vierteljahresschrift,* Heft I. Stuttgart, 1838.

Ras, Gerard. *Börne und Heine als politische Schriftsteller,* Diss. Amsterdam. Groningen/Den Haag, 1926.

Strodtmann, Adolf. *Heinrich Heines Leben und Werke.* 2 Bände. Berlin, 1867.

Volgin, V. »Über die historische Stellung St.-Simons«, *Marx-Engels Archiv,* 1. Band. Frankfurt am Main, 1925.

Walzel, O. *Die deutsche Dichtung seit Goethes Tod.* Berlin, 1920.

Wendel, Hermann. *Heinrich Heine und der Sozialismus.* Berlin, 1919.

Wendel, Hermann. *Heinrich Heine, ein Lebens- und Zeitbild.* Berlin, 1926.

Ziegler, Th. *Die geistigen und sozialen Strömungen Deutschlands im 19. Jahrhundert.* Berlin, 1911.